Sauti Kutoka Africa

KINDERSTIMMEN AUS DEN SLUMS
VON NAIROBI

Hrsg.: Dr. Martin Bischoff, Julian Pabel

1. Auflage 2020
ISBN 978-3-00-067411-2

martinusepiscopus@web.de
julian.pabel@juamii.org

Fotos: Thien Ditze, Julian Pabel
Lektorat: Annette Lennartz
Umschlag- und Innenillustrationen,
Layout und Satz: Anna Severynovska

Gewidmet den Kindern dieser
Welt, die in Elend, Armut und
Perspektivlosigkeit leben.

Die Gewinne aus dem Verkauf dieses Buches fließen zu 100 % der BCC-School in Nairobi, Soweto, zu.

Es gibt keine großen Entdeckungen und Fortschritte, solange es noch ein unglückliches Kind auf Erden gibt.

Albert Einstein

Dr. Martin Bischoff
Gesellschafter der Bischoff & Ditze Energy GmbH & Co. KG

Liebe Leserinnen und Leser,

Sauti Kutoka Africa ist Suaheli und bedeutet Klänge – in unserem Fall Stimmen aus Afrika. Es sind die Stimmen von Kindern aus den Elendsvierteln von Nairobi.

Ich könnte jetzt so etwas schreiben wie: »Wir wollen mit diesem kleinen Buch den Kindern eine Stimme geben.« Das würde sich toll, irgendwie sehr getragen anhören, aber es wäre falsch. Vollkommen falsch, denn die Kinder in den Slums von Nairobi, ob in Kibera oder in Soweto, haben eine eigene Stimme, sogar eine deutliche, kräftige Stimme. Und es ist eine Stimme, die wohl viel kräftiger und klarer ist als meine.

Dennoch ist meine Stimme lauter. Sie ist lauter, weil ich an einem privilegierten Ort zu einer privilegierten Zeit geboren wurde. Und laute Stimmen finden nun mal leichter Gehör – egal, ob sie etwas zu sagen haben oder nicht.

Die Kinder in den Elendsvierteln von Nairobi haben etwas zu sagen, und mit diesem Buch wollen wir ihnen Gehör verschaffen. Die Stimmen der Kinder werden dabei nicht verfälscht, glatt gebügelt oder aufgehübscht. Warum auch? Wenn man hinhört, versteht man ja, was sie sagen wollen.

Der Gedanke an Originaltöne und Zuhören zwingt mir gerade ein merkwürdiges Bild auf, das aber den Sinn dieses Buches auf den Punkt genau trifft. Liebe Leserinnen und Leser, sehen Sie dieses Buch doch einfach als einen papiergewordenen Lautsprecher an, als Megafon für Kinder, die es verdient haben, gehört zu werden!

Die Kinder, die in diesem Buch zu Wort kommen, haben ihre Texte natürlich vor dem Hintergrund ihrer alltäglichen Lebenswelt geschrieben, einer Welt, die für die Kinder genauso selbstverständlich ist, wie sie für uns fremd ist.

Um Ihnen, liebe Leserinnen und Leser, diese Welt näherzubringen, ja vielleicht erst begreifbar zu machen, besteht der erste – keine Angst, nur kurze – Teil des Buches aus Fakten über Kenia, Nairobi und aus einer Beschreibung des Lebens der Menschen und vor allem der Kinder in den Slums.

Und selbstverständlich stellen wir auch uns – bleiben wir bei unserem Tonvergleich, würde ich sagen den Verstärker – mit wenigen Worten vor.

Der Hauptteil des Buches ist dann natürlich den unverfälschten Stimmen der Kinder vorbehalten. Sie erzählen von ihrem Leben, ihrer Schule und ihren Wünschen und Träumen für ihre Zukunft. Damit wir uns noch mehr in ihre Gedankenwelt einfühlen können, stellen sie uns auch ihre Lieblingsgeschichten aus Afrika vor.

Jetzt, liebe Leserinnen und Leser, bleibt mir nur noch, Ihnen eine interessante Lektüre zu wünschen. Oder sollte ich lieber bei unserem Beispiel bleiben? Dann also hören Sie gut zu. Es lohnt sich!

Herzlichst
Dr. Martin Bischoff

INHALT

12 ... ÜBER UNS

14 ... ÜBER KENIA

19 ... ÜBER NAIROBI

20 ... ÜBER DIE SLUMS

27 ... ÜBER DIE BCC-SCHOOL

27 Das Schulsystem in Kenia

32 Das Bethlehem Community Center (BCC) in Soweto

36 Warum haben wir die BCC-School als Partner ausgewählt?

37 Was möchten wir mit diesem Buch erreichen?

42 JULIAN PABEL: MEIN NAIROBI, EIN ERFAHRUNGSBERICHT

73 SAUTI KUTOKA AFRICA
Schule, Leben, Zukunft & Geschichten aus Afrika

157 DANKSAGUNG

KENIA

580.367
Fläche in km²

47.564.296
Einwohner lt.
Volkszählung 2019

Hauptstadt:
Nairobi

Staatsform:
Republik

Amtssprache:
Swahili und Englisch

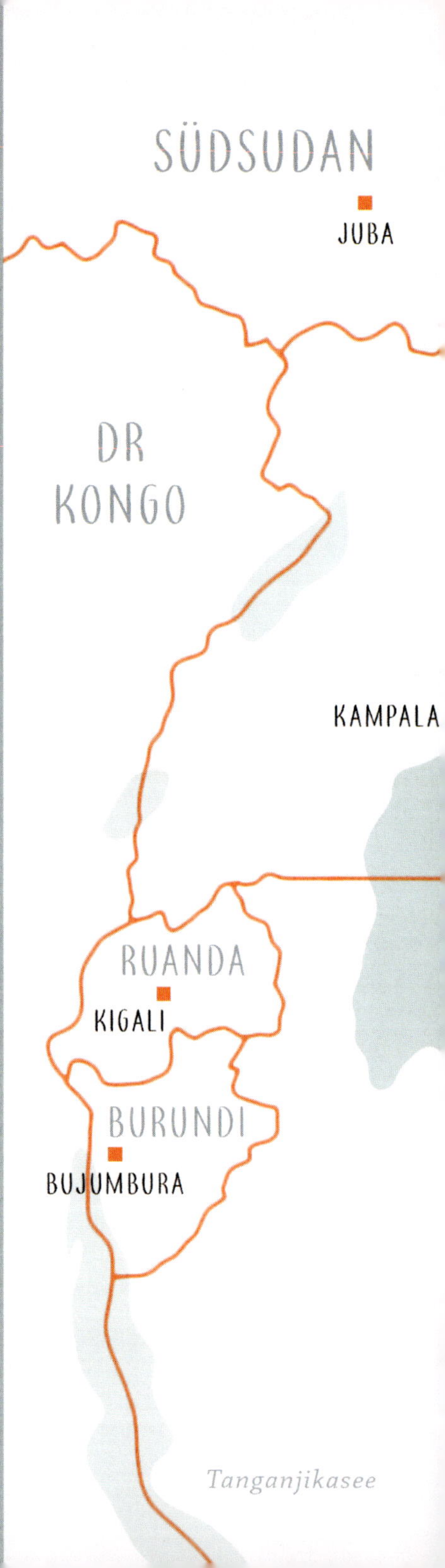

Ilemi-Dreieck
ÄTHIOPIEN
Turkana-See
Moyale
Lodwar
Marsabit
Wajir
UGANDA
KENIA
SOMALIA
Kitale
Bungoma
Eldoret
Busia
Mount
Kenia
(5199 m)
Kisumu
Nyeri
Garissa
Viktoriasee
Nakuru
Murang'a
Kisii
NAIROBI
Machakos
Lamu
Malindi
Kilimandscharo
(5896 m)
Mombasa
Indischer
Ozean
TANSANIA
N
W
O
S
DODOMA

… ÜBER UNS

JUAMII E.V.

Bildung ist ein Privileg. Mit Juamii möchten wir Benachteiligten eine Chance auf Bildung ermöglichen. JUAMII steht für innovatives Denken, Anpassungsfähigkeit und Transparenz. Der Name Juamii ist eine Kombination aus den Begriffen Jua (Sonne) und Jamii (Gemeinschaft), die der kenianischen Landessprache Swahili (hierzulande besser bekannt als Suaheli) entstammen.

Bildungseinrichtungen verfügen aufgrund ihres für dortige Verhältnisse hohen Energieverbrauchs über herausragende Energieeinsparpotenziale. Unser Ziel ist deshalb die Förderung einer autarken Ökosystemkultur des nichtstaatlich geförderten Schulsektors in Ostafrika. Der Bedarf ist enorm, und die positiven Auswirkungen auf die Schüler und Lehrer würden immens sein.

Deshalb haben wir genau dort angesetzt und in Kooperation mit den jeweiligen Schulleitern zweier Schulen in Nairobi die Bedürfnisse und Gegebenheiten in einem partizipativen Prozess genau analysiert. Die Basis bildet die Nutzung moderner Solar- und Umwelttechnologien. Die dadurch eingesparten Energiekosten werden von den Schulen in die für sie eigens entwickelten Autarkiekonzepte, d. h. in jeweils vorab analysierte Bereiche der Schule, reinvestiert. Somit bleiben die eingesparten Gelder in einem geschlossenen Kreislauf, und wir können zusammen langfristig größtmögliche Erträge für die Schulen erzielen. Der Ansatz des partizipativen Prozesses und der direkten Einbindung der Stimmen der Schule und Kommune verschaffen den Schulen die langfristige Aussicht, wirtschaftlich unabhängiger zu werden.

Nicht nur die Lebensumstände werden sich dabei verbessern, zusätzlich wird auch der Nachhaltigkeitsgedanke den Schülern vorgelebt und bereits im jungen Alter nahegelegt. Unser Konzept ist dabei einfach übertragbar, und die Voraussetzungen in Kenia sorgen für eine große Anzahl möglicher Partnerschulen. In enger Zusammenarbeit mit den Schulen möchten wir den Menschen die Chance auf eine bessere Zukunft ermöglichen.

BISCHOFF & DITZE ENERGY GMBH & CO KG

Nun noch ein paar kurze Worte zu dem anderen »Verstärker« der Kinderstimmen aus Nairobi. Wie Sie bereits wissen, ist mein Name Martin Bischoff. Zusammen mit Thomas Ditze bin ich Gesellschafter der Bischoff & Ditze Energy GmbH & Co KG. Unser Unternehmen, gegründet im Jahr 2005, hat seinen Sitz in Hamburg und ist ein bewährter Dienstleister der deutschen Ökostrombranche. In den Bereichen Handel mit Herkunftsnachweisen aus erneuerbaren Energien und Emissionsminderungszertifikaten ist die Bischoff & Ditze Energy GmbH & Co KG einer der deutschen Marktführer. Bereits seit einigen Jahren engagieren wir uns zusammen mit unseren Partnern und Freunden von JUAMII e. V. für die Kinder in den Elendsvierteln von Nairobi.

In der Vergangenheit erfolgte dies primär durch die Finanzierung von Solardächern auf Schulen in den Slums von Nairobi. Dadurch kann ein dauerhafter, sauberer Strombezug gewährleistet werden, der es den Kindern erlaubt, noch in den Abendstunden zu lernen und zu lesen. Gesundheitsschädliche Kerosin- und Paraffinlampen gehören somit der Vergangenheit an. Zugleich wurden die Stromkosten der Schulen de facto auf null reduziert. Das eingesparte Geld konnte für weitere Lehrkräfte, Schulmaterialien und auch für eine verbesserte Ernährung der Kinder genutzt werden. Durch die finanzielle Unterstützung der Stadtwerke Mosbach GmbH können wir inzwischen über 1000 Kinder mit sauberem Strom versorgen.

Mit diesem Buchprojekt betreten wir Neuland, auch ich ganz persönlich, weil ich bei einigen Besuchen der betreffenden Schulen die Möglichkeit hatte, mit den Kindern vor Ort zu sprechen. Die haben eine Menge zu erzählen, das es wert ist, gehört zu werden!

... ÜBER KENIA

Wer sich mit Kenia beschäftigt, erkennt es als ein extrem vielschichtiges Land, in dem es scheinbar alles immer in den beiden Ausprägungen gut und schlecht, schwarz und weiß gibt. Graustufen scheint es auf den ersten Blick nicht zu geben. Schaut man jedoch genauer hin, so erkennt man, dass sich gerade im Moment immer mehr Grautöne etablieren.

Um das Land zu verstehen, lohnt sich ein Blick auf seine Geschichte. Eine Schautafel im Nationalmuseum in Nairobi zeigt, dass die Kenianer ihre Geschichte in drei Epochen unterteilen. Da ist zunächst einmal die Stammesepoche, in der ca. 40 ethnische Gruppen das Gebiet des heutigen Kenias besiedelten. Es folgte ab ungefähr 1890 die Kolonialzeit, vornehmlich unter britischem Protektorat – von 1920 bis zu seiner Unabhängigkeit im Jahr 1963 war Kenia britische Kronkolonie. Die dritte Epoche schließlich ist die Neuzeit, die mit der Unabhängigkeit am 12. Dezember 1963 begann. Auch, wenn Kenia sicher nicht unserem Demokratieverständnis entspricht, beschreibt »repräsentative Demokratie« die kenianische Staatsform am besten.

Dies bedeutet, dass das heutige Kenia noch nicht einmal 60 Jahre existiert und somit ein sehr junger Staat ist. Dies ist deshalb von großer Bedeutung, da Gesellschaften ja nicht einfach vom Himmel fallen, sondern sich entwickeln müssen. Und das braucht Zeit.

Denken Sie doch nur einmal an die deutsche Wiedervereinigung. Der Mauerfall jährte sich im vergangenem Jahr zum 30.

Mal, und doch gibt es immer noch gravierende Unterschiede zwischen Ost und West. Selbst in den Medien wird nach wie vor von den »neuen Bundesländern« gesprochen, wenn es um den Ostteil des Landes geht. Und Kenia hatte weit weniger vorgegebene Strukturen, als dies bei der deutschen Wiedervereinigung der Fall war. Das Land braucht also einfach noch Zeit.

Aber wie sieht das moderne Kenia denn nun im Detail aus? In Kenia leben ca. 47,5 Millionen Menschen. Die Hauptstadt ist Nairobi mit ungefähr 4,4 Millionen Einwohnern. Damit ist Nairobi nach Dar es Salaam (Tansania) die zweitgrößte Stadt Ostafrikas.

Auffallend ist die klassische Bevölkerungspyramide in Kenia. Gut 50 % der Einwohner sind 18 Jahre alt oder jünger, und nur lediglich 2,7 % der Bevölkerung ist älter als 65 Jahre. Die durchschnittliche Lebenserwartung liegt bei ca. 61,5 Jahren . Für uns in Deutschland mit einer durchschnittlichen Lebenserwartung von ca. 80 Jahren wirken diese Zahlen vielleicht schockierend, aber eigentlich deuten sie auf einen positiven Trend hin. Um das Jahr 2000 lag der Wert als Folge der AIDS-Epidemie noch bei 50 Jahren.

AIDS stellt auch heute noch ein großes Problem für Kenia dar, aber es ist bei Weitem nicht mehr so dramatisch wie noch zur Jahrtausendwende. Neuere Zahlen gehen von 5 bis 6 % HIV-positiven Kenianern aus. In den Elendsvierteln sollen es 8 % sein. Um keine Missverständnisse aufkommen zu lassen: Dies sind natürlich immer noch alarmierende Zahlen! Aber die Zeiten, in denen jeder dritte oder vierte Kenianer HIV-positiv war, scheinen überwunden zu sein, was sicherlich auch an der medizinischen Aufklärung und dem besseren Zugang zu Verhütungsmitteln liegt. Zum Vergleich: In Deutschland lag die HIV-Quote im Jahr 2019 bei ca. 0,1 %.

Erwähnenswert ist, dass über 80 % der Kenianer dem Christentum angehören. Der Rest verteilt sich auf den Islam und indisch-asiatische Glaubensrichtungen, die mit dem nicht zu unterschätzenden Anteil von Kenianern mit indischen Wurzeln ins Land kamen. Nur Atheisten gibt es keine. Für Kenianer ist es schlicht nicht nachvollziehbar, dass man nicht an ein göttliches Wesen oder an göttliche Fügung glaubt.

In Kenia werden gleichberechtigt zwei Amtssprachen gesprochen, nämlich Englisch und Suaheli. Die Landeswährung ist der kenianische Schilling. Ganz grob gesagt entsprechen 100 kenianische Schilling 1 €.

Wo wir schon beim Geld sind, stellt sich natürlich die Frage nach der wirtschaftlichen Situation in Kenia. Das Land verbucht ein jährliches Wirtschaftswachstum von 5 bis 6 % und liegt damit im vorderen Drittel der afrikanischen Staaten. Die Arbeitslosenquote ist dennoch mit 40 bis 50 % extrem hoch und führt dazu, dass jedem Kenianer im Schnitt lediglich 2 US$ pro Tag zur Verfügung stehen.

Es gibt in Kenia zwar ein staatliches Rentensystem, in das aber Stand heute lediglich 15 % der Beschäftigten Beiträge einzahlen. Von einem funktionierenden System der Altersabsicherung kann also keine Rede sein. Dennoch ist die Einführung eines Rentensystems natürlich ein Schritt in die richtige Richtung. Wie gesagt braucht Kenia noch Zeit.

Ähnlich verhält es sich mit der Krankenversicherung: Gut, dass es sie gibt, schlecht, wie sie derzeit funktioniert. Der Beitrag zur Krankenversicherung beträgt 5 US$ im Monat und deckt damit lediglich die Kosten für ein Krankenhauszimmer und die Verpflegung. Medikamente und Arztkosten muss der Patient zusätzlich entrichten.

Erwartungsgemäß ist auch der Zugang zu weiteren Bausteinen der Grundversorgung nur rudimentär ausgebildet. 70 % der Bevölkerung haben keinen dauerhaften Zugang zu Strom, wobei erschwerend hinzukommt, dass Strom für kenianische Verhältnisse sehr teuer ist, er erreicht fast europäisches Preisniveau.

Bei der Verfügbarkeit von sauberem Trinkwasser sieht es nicht besser aus. Nur die Hälfte aller Kenianer hat einen dauerhaften Zugriff darauf. Betrachtet man ausschließlich die ländliche Bevölkerung, so sieht es noch schlimmer aus. Nur jeder Fünfte der Landbevölkerung hat dauerhaft Zugang zu sauberem Trinkwasser. Man kann nur hoffen, dass die staatlich aufgelegten Wasserprogramme hier greifen und es in absehbarer Zeit zu einer Verbesserung der Trinkwasserversorgung kommt und damit einhergehend zu einer Verbesserung der hygienischen Verhältnisse.

Allemal sind solche Programme – wie wirksam sie im Moment auch sein mögen – ein Zeichen für den Aufbruch, den Wandel in Kenia. Ja, Kenia befindet sich im Wandel, und zwar an allen Ecken und Enden. Die Altersabsicherung und die Krankenversicherung habe ich bereits erwähnt. Und ja, das funktioniert noch nicht richtig, ist überhaupt nicht vergleichbar mit Deutschland, aber dennoch ein Zukunftssignal.

Das Gleiche gilt für die Antikorruptionsbehörde. Natürlich erzählen einem Kenianer hinter vorgehaltener Hand, dass auf viele Mitarbeiter dieser Behörde der Spruch zutrifft, da habe man den Bock zum Gärtner gemacht. Davon unbenommen bleibt aber, dass die Implementierung der Antikorruptionsbehörde eine sinnvolle Maßnahme gegen die allgegenwärtige Korruption in Kenia ist.

Immer entschlossener wird gegen Wilderei vorgegangen, um die unvergleichlichen Naturschätze des Landes zu schützen. Um die Müllprobleme, gerade in den Slums, anzugehen, besteht in Kenia seit 2017 ein Einfuhrverbot für Plastiktüten. Kleinkram, Symbolpolitik mag man hier schnell sagen, aber das macht die Maßnahme als solche ja nicht falsch. Vielmehr sind es erste Schritte in die Zukunft. Wie gesagt braucht Kenia Zeit.

Mindestens genauso wichtig wie die wirtschaftliche Entwicklung und politische Maßnahmen sind gesellschaftliche Transformationsprozesse. Im heutigen Kenia sind 75 % aller Eheschließungen

Das Stadtzentrum von Nairobi.

Mischehen zwischen den verschiedenen ethnischen Gruppen. Dieser hohe Wert ist bemerkenswert, legt er doch nahe, dass etwaige Stammesfehden, wie man sie aus anderen afrikanischen Staaten kennt, in Kenia kein Thema mehr sind. Ganz wichtig ist vor allen Dingen, dass sich langsam ein Mittelstand bildet. Genau den meinte ich eingangs mit den entstehenden Grautönen. Ein Staat, der nicht nur aus Arm und Reich besteht, sondern auch eine breite Mittelschicht aufweist, ist wesentlich stabiler als eine Gesellschafts-

struktur mit krassen Gegensätzen. Aber auch diese Entwicklung braucht ihre Zeit.

Ein weiteres Zeichen für den gesellschaftlichen Wandel macht sich an der durchschnittlichen Kinderzahl pro Frau bemerkbar, die von über 5 auf 3,8 gesunken ist.

Zum Schluss noch ein Punkt, an dem uns Kenia – wenn man so möchte – technologisch voraus ist. Fast jeder Kenianer besitzt ein Smartphone, und mehr als 12 Millionen Kenianer, das ist mehr als die Hälfte der Erwachsenen, nutzen mit M-Pesa ein bargeldloses Zahlungssystem über ihr Smartphone.

… ÜBER NAIROBI

Nairobi bedeutet übersetzt »kühler Fluss« und ist die Hauptstadt Kenias mit ca. 4,4 Millionen Einwohnern. Gerade für uns Europäer hat Nairobi durch seine Höhenlage auf 1.600 m ganzjährig ein sehr angenehmes Klima. Die Stadt ist nicht nur seit 1972 Sitz des UN-Habitats UNEP (Umweltprogramm der Vereinten Nationen), sondern auch ein Standort vieler internationaler Großkonzerne.

Nairobi ist der boomende Motor Kenias. Das Wirtschaftswachstum in Nairobi liegt bei jährlich 8 %, und Schätzungen gehen davon aus, dass sich die Bevölkerungszahl der Metropole in den nächsten 30 Jahren verdoppeln wird. Es gibt wohl keine Stadt, in der sich die Widersprüchlichkeit Kenias so deutlich zeigt wie in Nairobi. Tagsüber Wirtschaftsmetropole, nachts »Nairobbery«. Dieser unschöne Spitzname der Stadt spricht für sich selbst. Und so widersprüchlich geht es weiter.

Besucht man den wunderschönen Nairobi-Nationalpark, sieht man im Hintergrund die Skyline des Businessbezirks der Innenstadt. Sogar eine Autobahnbrücke durchquert den Nationalpark, der auf die Fläche gerechnet die höchste Zahl freilebender Nashörner weltweit beherbergt. Dann gibt es auf der einen Seite den UN-Bezirk zu bewundern und, noch schöner, die Villen im Karen-Bezirk, – benannt nach Karen Blixen, der Autorin von »Jenseits von Afrika«, und im Gegensatz dazu auf der anderen Seite die Slums. Und mitten in einem dieser Slums liegt die BCC-School, die Schule der Kinder, die uns ihre Geschichten erzählt haben. Es ist also höchste Zeit, einen genaueren Blick auf die Elendsviertel und ihre Menschen zu werfen.

... ÜBER DIE SLUMS

Zum Greifen nah, nicht an den Rand gedrängt, sondern mitten in der Stadt Nairobi liegen die Slums. Damit gehören sie zum unmittelbaren Stadtbild der Metropole. Und es gibt nicht nur ein Elendsviertel in Nairobi. Nein, ganze 200 Slums oder Elendsquartiere beherbergt die Stadt. Dazu zählen unter anderem das Kibera Slum, Mathare, Mukuru, Dandora, Kawangware, Kangemi, Huruma und Soweto neben Hunderten weiterer in Nairobi. In den Slums leben 65 % der EinwohnerInnen, mithin ungefähr 2,9 Millionen Menschen. Und das auf einer Fläche, die lediglich 5 % der Stadtfläche ausmacht!

In Kibera – abgeleitet von dem Suaheli-Wort Kibra für Dschungel – leben allein annähernd 1 Million Menschen. Damit ist Kibera die größte informelle Siedlung, das größte Elendsviertel im

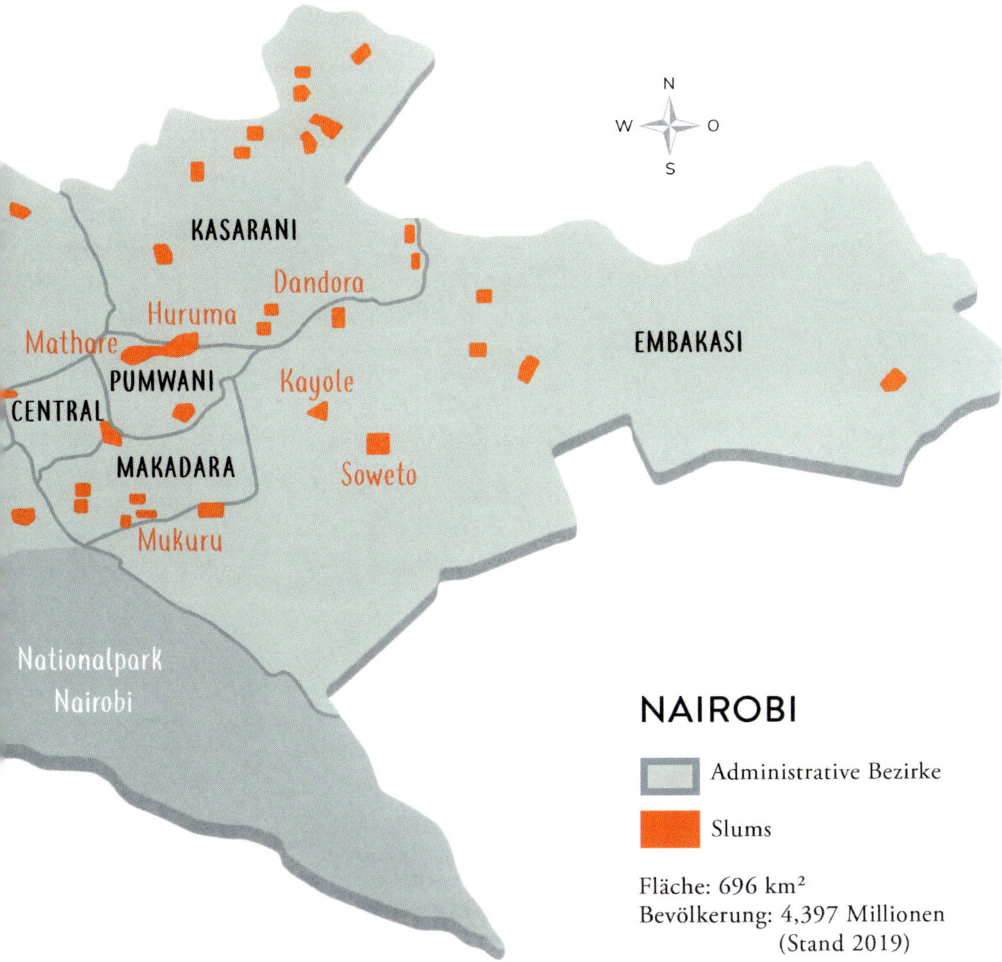

gesamten Ostafrika. Und Dschungel trifft das Gewusel auf dem lediglich 2,5 km² großen Gebiet sehr gut. Dicht an dicht drängen sich Holz- und Wellblechhütten aneinander, nur getrennt durch schmale Korridore.

Und genauso sieht es auch in Soweto (Southwest Township) aus, benannt nach dem bekannten Elendsviertel in Südafrika. Streng genommen kann man Soweto auch als ein Teilgebiet eines Verbunds betrachten, da in dieser Ecke Nairobis die Slums ineinander übergehen. In Soweto leben annähernd 400.000 Menschen.

Eine der wenigen betonierten Straßen im
Kibera Slum, welches sich direkt neben dem
Stadtzentrum befindet.

Die meisten Straßen in den Slums sind unbefestigt. Da es kein Abwassersystem gibt, steht bei stärkeren Regenfällen vieles unter Wasser.

Für uns Europäer ist es nahezu unmöglich, sich eine realistische Vorstellung vom Leben in einem Slum zu machen. Und auch ich kann ihnen hier nur einen groben, eher deskriptiven Eindruck vermitteln. Einen Slum bei Tageslicht zu besuchen, und sei man auch noch so bemüht, mit den dort lebenden Menschen ins Gespräch zu kommen, ist NICHTS im Vergleich dazu, dort zu leben – oder besser dort leben zu müssen.

Als Erstes fällt einem neben den unbefestigten Straßen und den Verschlägen, die als Läden oder Wohnung dienen, der Strom von Menschen auf, der allmorgendlich Richtung Innenstadt pilgert, in der Hoffnung, einen Job als Tagelöhner zu ergattern. Aufgrund der räumlichen Nähe ist der Weg ja nur kurz, und mit etwas Glück kommt der eine oder andere von ihnen am Abend vielleicht mit etwas mehr als 2 US$ in der Tasche wieder zurück.

Elektrizität ist Mangelware und funktioniert oft über Stunden und Tage nicht. Zudem stellen die nicht isolierten Stromleitungen eine ständige Feuergefahr dar.

Auch sauberes Trinkwasser ist, ich erwähnte es schon, Mangelware. In Soweto oder Kibera kann man 20 Liter für ca. 3 kenianische Schilling an Trucks des staatlichen Wasserprogramms erwerben. Allerdings hat sich auch eine Art Wassermafia breitgemacht, die ein Zigfaches verlangt, gerade natürlich an Ecken, die das staatliche Wasserprogramm nicht erreicht. Liebe Leserinnen und Leser, schleppen Sie mal einen 20-Liter-Kanister 1 km weit, und Ihnen wird klar, warum das System der Wassermafia funktioniert.

Dafür gibt es an anderer Stelle Überfluss, nämlich beim Müll. Überall am Straßenrand häufen sich kleine und größere Müllberge und etwas im Hintergrund türmen sich ganze Mülldeponien auf. Woher die Müllberge stammen, ist nicht ganz klar, nur sicherlich kann soviel Müll nicht allein von den Einwohnern der Slums produziert worden sein. Ich selbst fand dort einen deutschen Joghurt-

Eine Gemüsehändlerin versucht ihre Ware zu verkaufen, damit sie ihre Familie versorgen kann. Nach einem ganzen Arbeitstag verdienen die Menschen in den Slums nicht viel mehr als 1 Euro am Tag.

becher und kann mir nur so meine Gedanken machen, wie er dorthin gelangt ist. Ausschließen kann ich lediglich, dass er von einem der dort lebenden Menschen gegessen worden ist.

Und überall brennt der Müll, zum einen als Heizmaterial und zum Kochen, zum anderen, um noch wertvolle Rohstoffe aus dem Abfall zu gewinnen. Zudem tummeln sich auf den Müllbergen unzählige Kinder, die auf der Suche nach Verwertbarem in dem Müll herumstochern. Und die Müllberge blockieren das eh nur rudimentär vorhandene Kanalabflusssystem, sodass es bei Regen in den Elendsvierteln regelmäßig zu Überschwemmungen kommt.

Die fehlende Kanalisation ist zudem für das Problem der flying toilets verantwortlich. Die Notdurft wird in Plastiktüten aller Art verrichtet, die dann verknotet überall hingeworfen werden. Straßenkinder sammeln sie ein und bringen sie für ein wenig Bezahlung zu einer Biogasanlage …

Ein Wort noch zu den Behausungen – von Wohnraum kann ich hier einfach nicht sprechen. Die meisten der Holz- oder Wellblechhütten haben undichte Dächer, sodass sie bei Starkregen regelrecht geflutet werden. Eine Hütte von ca. 10 m^2 teilen sich im Schnitt 5 bis 7 Personen. Dadurch wird auch klar, wie soviele Menschen auf gerade mal 5 % der Stadtfläche Nairobis leben können.

Die Korridore zwischen den Reihen an Hütten sind oftmals noch nicht einmal 1 m breit und gerade nachts ein Ort der Gewalt. Beherrscht von verschiedenen Gangs, findet dort alles statt, was illegal ist. Und wie so oft richtet sich die Gewalt am häufigsten gegen die Schwächeren. Übergriffe auf Frauen und Mädchen sind in den Korridoren an der Tagesordnung, und wie nicht anders zu erwarten, sucht man hier Polizei oder Sicherheitsleute, die ansonsten vor jedem Supermarkt in Nairobi patrouillieren, vergeblich.

Und dennoch, wenn man mich fragt, was auf mich den größten Eindruck gemacht hat, dann sind es die Menschen in Kibera und Soweto – ihre Freundlichkeit, ihr Lachen, ihre Offenheit und ihre Hilfsbereitschaft. Überall lachende Kinder, die einem unbefangen gegenübertreten, und Erwachsene, die freundlich grüßen und einem zulächeln. Irgendwie scheint an dem Satz »Das wahre Glück findet man nur im Kleinen« doch etwas dran zu sein, ging es mir ein ums andere Mal durch den Kopf. Und es erinnerte mich an den wunderbaren Film von Roberto Benigni »Das Leben ist schön«, in dem ein Vater seinem Sohn weismacht, ihre KZ-Haft wäre nur ein kompliziertes Spiel …

Aber verstehen Sie mich nicht falsch. Ich will hier kein sozialromantisches Bild vom Leben in einem Elendsviertel malen, sondern einfach das tatsächliche Leben aufzeigen. Denn eins steht fest: Leben in Kibera oder Soweto bedeutet Armut, Hunger, Perspektivlosigkeit, Krankheit und schließlich den Tod. Und sonst nichts!

… ÜBER DIE BCC-SCHOOL

Schiebt man sich durch einen der engen, stickigen Korridore zwischen den Hütten von Soweto, gelangt man zu einer unbefestigten Straße und folgt der staubigen Piste wenige Meter bis zum Tor der BCC-School.

Bevor wir nun aber durch das Tor gehen und uns die BCC-School genauer anschauen, lesen Sie zunächst zum besseren Verständnis eine knappe Zusammenfassung über das kenianische Schulsystem.

DAS SCHULSYSTEM IN KENIA

In Kenia wird das sogenannte 8-4-4 Schulsystem angewandt. Das Jahr wird dabei in drei Semester aufgeteilt. Die Schulausbildung beginnt mit 8 Jahren Primary School (Grundschule). Danach folgt die Secondary School (weiterführende Schule) mit einer Dauer von 4 Jahren.

Anschließend besteht die Möglichkeit für weitere 4 Jahre das College (Hochschule) zu besuchen.

Nach 8 Jahren Primary School muss jeder Schüler eine standarisierte Prüfung (Kenyan Certificate of Primary Education, KCPE) ablegen, um sich für die Secondary School zu »qualifizieren«. Diese Voraussetzung erzeugt bei vielen Schülern eine enorme Drucksituation, da sie durch schlechtes Bestehen der Prüfung keine Chance mehr haben, ihre Schullaufbahn fortzusetzen. Die Zulassung zur Universität kann lediglich über Rangliste erreicht werden, in der die Absolventen nach Abschlusszeugnis der staatlichen Prüfung auf der Secondary School gelistet werden.

DIE GEGENWÄRTIGE SITUATION: KAUM STAATLICHE SCHULEN IN DEN SLUMS

In der Vergangenheit wurden in Kenia auch für staatliche Grundschulen Schulgebühren verlangt. Seit 2003 ist dies nicht mehr der Fall. Teilweise ist auch die weiterführende Schule (Secondary School) kostenlos. Durch den Erlass der Gebühren, wurde die Chance auf Bildung erhöht, doch noch immer gibt es enorm viele Probleme an staatlichen Schulen. Vor allem in den Slum Gegenden sind oftmals keine staatlichen Schulen zu finden. Zudem lebt ein großer

Der schmale Weg führt zu einer kleinen privaten Schule im Kibera Slum. Die Schule befindet sich in einer Wellblechhütte.

Teil der kenianischen Bevölkerung teilweise von weniger als einem Euro pro Tag.

Nun besteht in Kenia grundsätzlich die Pflicht zur Schuluniform. Ohne Uniform dürfen die Kinder nicht am Unterricht teilnehmen. Pro Schuljahr fallen hierfür Kosten in Höhe von ca. 18 Euro an, welche von den Familien privat getragen werden müssen. Für die meisten Eltern ist dieser Betrag nicht aufbringbar, da die monatlichen Einnahmen oft gerade mal zum Überleben ausreichen. Durch die benötigten Schulmaterialen und das Essen, welches die Kinder selbst zahlen müssen entstehen zudem weitere Kosten für die Familien.

Selbst wenn die Eltern ihren Kindern einen Platz in einer staatlichen Schule finanziell ermöglichen könnten, gibt es noch viele weitere Probleme. Zum Beispiel die hohe Anzahl von Schüler/innen in den Klassen. Durch das »kostenlose« Schulangebot ist gleichzeitig die Nachfrage immens gestiegen. In vielen Schulen wird in Klassen mit mehr als 100 Schüler/innen unterrichtet, was für alle Beteiligten eine hohe Belastung darstellt.

Hinzu kommt der Mangel an Lehrkräften. Qualitativer Unterricht von unterbezahlten Lehrern, welche teilweise wochenlang streiken und hungrigen Kindern, die sich durch die Umstände nur schwer konzentrieren können, ist somit nur selten möglich. Viele Eltern lassen ihre Kinder aus diesen Gründen lieber arbeiten.

In den Armutsvierteln wie z.B. Kibera, eines der größten Slums weltweit, ist die Situation noch viel schwieriger. Staatliche Schulen gibt es in den Slum Gegenden nur wenige. Die Kinder haben oft nur eine Chance auf Bildung, wenn sie das Glück haben, einen Platz an einer gemeinnützigen privaten Schule zu erhalten. Mit

Es gibt nur einen Klassenraum und der Unterricht findet mit allen gemeinsam statt. Die zwei Lehrerinnen der Schule versuchen möglichst viel Wissen für alle zu vermitteln.

Juamii unterstützen wir genau diese Schulen. Die Schulen finanzieren sich über Spendengelder und verlangen lediglich von den Eltern Schulgelder, welche auch die Möglichkeiten haben. Trotzdem ist es für viele Familien nach wie vor eine Herausforderung, die finanziellen Mittel aufzubringen. Eine dieser Schulen ist auch die BCC-School, welche wir uns nun einmal genauer ansehen.

Wie bereits erwähnt, liegt die BCC-School mitten in einem Verbund von Armutsvierteln, genauer gesagt in der Teilsiedlung Soweto Kayole, die sich vom Zustand her jedoch nicht von den anderen Bereichen der umliegenden Slums unterscheidet. Die Schulgebäude umspannen den staubigen Vorplatz (oder soll ich sagen Pausenhof?) in einer Art Karree. Das gesamte Gelände ist eingezäunt, und würde man unsere mitteleuropäischen Maßstäbe ansetzen, so würde man alle Gebäude als verfallen bezeichnen. Aber wir sind nicht in Deutschland, sondern in Soweto. Nach hiesigen Maßstäben sind die Gebäude alle gut in Schuss.

Neben den Klassenräumen gibt es einen kleinen Verwaltungstrakt, eine Schulbibliothek, eine Schulküche und jeweils einen Schlafsaal für Mädchen und Jungen. Die Schlafsäle sind für Waisenkinder gedacht. Zeitweise leben bis zu 90 Kinder in der Schule. Insgesamt werden derzeit 350 Kinder in den Klassen unterrichtet.

Gemäß dem kenianischen Bildungssystem gibt es Unterricht in Englisch, in Suaheli, in Mathematik, in Politik- und Sozialwissenschaften und in Technikwissenschaften, was neben den Naturwissenschaften auch Geografie umfasst. Mich erinnert es an meine eigene Grundschulzeit, in der dies als Sachkunde bezeichnet wurde. Unterricht gibt es für alle acht Klassen der Grundschule. Die Klassenräume sind zwar teils undicht und deutlich von Abnutzungsspuren gezeichnet, aber sehr aufgeräumt und für Slumverhältnisse sauber.

Natürlich hat die BCC-School die gleichen Probleme wie das gesamte Elendsviertel. Es mangelt an sauberem Trinkwasser, die Schlafsäle sind in einem maroden Zustand – wackelige, mehrstöckige Holzkonstruktionen dienen als Betten, nicht ein Lattenrost ist komplett, und aus den meisten uralten Matratzen quillt Schaumstoff hervor. Da sich die BCC-School ausschließlich aus

Der winzige Raum dient als Schlafraum für die Waisen und gleichzeitig Lehrerzimmer.

Spenden finanziert, fehlt es natürlich auch an finanziellen Mitteln für Lehrer, Schulmaterialien und PCs, die auch in Kenia eine immer wichtigere Rolle spielen.

Ein Klassenraum der älteren Schüler.

Bis vor Kurzem war die unzuverlässige Stromversorgung eines der größten Probleme der Schule. Nicht nur, dass Strom sehr teuer ist, fiel er zudem – gerade in den Abendstunden – häufig aus. Manchmal gab es sogar eine ganze Woche lang keinen Strom. Da Nairobi fast direkt auf dem Äquator liegt, bedeutete dies, dass mit Einbruch der Dämmerung jeden Tag im Jahr gegen 18 Uhr nur noch im Licht von Kerosin- oder Paraffinlampen gelesen und gelernt werden konnte. Der Rauch dieser Lampen verursacht fast sofort ein starkes Brennen in den Augen und hat katastrophale langfristige Gesundheitsauswirkungen. Um sich dies zu veranschaulichen, stellen Sie sich einfach vor, die Kinder würden am Abend jeweils zwei Schachteln Zigaretten rauchen. Zum Glück konnte dieses Problem gelöst werden. Durch finanzielle Mittel der Bischoff & Ditze Energy GmbH & Co. KG und der Stadtwerke Mosbach GmbH konnte 2018 eine kenianische Firma beauftragt werden, eine Solaranlage auf dem Schuldach zu errichten. Seitdem ist die BCC-School unabhängig vom öffentlichen Strombezug und verfügt rund um die Uhr über sauberen Strom und elektrisches Licht.

Und die Kinder? Die danken es beispielsweise durch die intensive Nutzung der Schulbibliothek bis in die späten Abendstunden hinein. Betrachten Sie bitte kurz das Bild, das Ihnen einen Blick in die Schulbibliothek an einem Nachmittag gewährt, und machen Sie sich dabei Folgendes klar: Dieses Bild entstand während der Schulferien! Jeder Platz ist belegt, selbst die PC-Arbeitsplätze werden als Schreibtische umfunktioniert, weil kein anderer Platz mehr frei war. Zudem handelt es sich bei der Hälfte der Kinder auf dem Foto gar nicht um Schüler der BCC-School, sondern um Straßenkinder, die den ganzen Tag über z. B. flying toilets gesammelt haben und jetzt, nach »Feierabend«, in der Bibliothek versuchen,

Die Kinder beim Verfassen ihrer eigenen Geschichten.

Rechnen und Schreiben zu lernen, wobei sie von Hilfslehrern unterstützt werden. Das alles passiert vollkommen freiwillig und ohne Zureden von offizieller Stelle oder durch die Familie. Fast wirkt es so, als hätten die Kinder instinktiv begriffen, dass nur Bildung sie aus den Slums führen kann. Rechnen, lesen, schreiben, um eine Zukunft zu haben – oder in Kibera/Soweto sterben. Das sind die beiden Alternativen der Kinder!

Wir brauchten keine weitere Bestätigung für unser Engagement. Ein einziges Bild hat uns gereicht …

WARUM HABEN WIR DIE BCC-SCHOOL ALS PARTNER AUSGEWÄHLT?

Das Bethlehem Community Center wurde bereits 1990 von der Pastorin Mary Gakembu gegründet. Cyrus Waithaka und seine Schwester Maria leiten die BCC-School und verfolgen ein durchdachtes Konzept. Ihr Handeln ist auf nachhaltiges Wachstum ausgelegt, die Abläufe sind strukturiert und die Kinder sehr diszipliniert beim Lernen.

Die BCC hat es sich zur Aufgabe gemacht, mittellosen und schutzbedürftigen Kindern ein besseres Leben zu ermöglichen, sodass sie ihr volles Potenzial entfalten können. Die Schüler und Schülerinnen gehen gerne zur Schule. Die Schule ist für sie ein Ort der Hoffnung. Sie können in der Schule einfach mal Kind sein, dem harten Alltag entfliehen. Sie wissen, dass sie nur über Bildung dem Slum entkommen können. Zur BCC-School hat das Team von JUAMII eine langjährige hervorragende Beziehung aufgebaut und die Schule innerhalb der letzten Jahre mehrmals besucht. Die Fortschritte der Kinder und das Bestreben der Schule, sich stetig weiterzuentwickeln, haben uns dazu bewegt, die Schule als Partner für dieses Buchprojekt auszuwählen. Die Kinder waren seit unse-

Ein Teil unserer fleißigen Autoren gemeinsam mit Dr. Bischoff und den Verantwortlichen der Schule.

rem ersten Besuch begeistert, neue Dinge zu lernen, und waren bei der Vorstellung des Buchprojekts voller Enthusiasmus, jeweils ihre persönliche Geschichte und ihre ganz eigenen Wünsche und Ziele für die Zukunft mit anderen Menschen zu teilen und in die Welt zu tragen. Wir freuen uns sehr, mit der BCC-School dieses Buchprojekt umsetzen zu können. Es ist wunderbar, die Entwicklung der Schule und vor allem der Kinder zu beobachten.

WAS MÖCHTEN WIR MIT DIESEM BUCH ERREICHEN?

Wir wollen die Stimmen der Kinder verstärken. Wir möchten ihnen Gehör verschaffen. Menschen sollen verstehen, wie Kinder

Hier sind die Solarmodule zu sehen, welche auf dem Dach der BCC-School installiert wurden.

denken, die unter enorm schwierigen Bedingungen aufwachsen, die nichts besitzen und viel verloren haben.

Der größte Teil ihrer Zukunft liegt noch vor ihnen. Positiv kann diese nur sein, wenn sie eine Chance auf Bildung erhalten. Denn ohne Bildung haben die Kinder nicht die Möglichkeit, ein besseres Leben zu führen. Die einzige Altersvorsorge wäre ein weiteres Kind. Warum dies keine Lösung des Problems darstellt, muss wahrscheinlich nicht weiter erläutert werden.

Die Gewinne aus dem Verkauf dieses Buches werden zu 100 % der BCC-School zufließen. Die Schule benötigt Computer, Schulbücher und Lernmaterialien.

Zudem wollen wir die Möglichkeit schaffen, Patenschaften für die Kinder zu übernehmen. Denn durch eine gezielte Förderung kann dem einzelnen Kind noch individueller geholfen werden und kann die unterstützende Leistung gezielt auf die Bedürfnisse jedes Kindes abgestimmt werden.

Wir möchten den Kindern Wertschätzung entgegenbringen, damit sie ihre strukturellen Hindernisse überwinden können.

JULIAN PABEL: MEIN NAIROBI, EIN ERFAHRUNGSBERICHT

Der entscheidende Besuch, der uns davon überzeugte, die BCC-School zu unterstützen, war im September 2015 , als ich zusammen mit meinem langjährigen Freund und Kommilitonen Karim Souid nach Kenia reiste. In der ersten Woche unseres Besuchs hatten wir die BCC-School schon einmal kurz besucht. Wir blieben mit dem Schulleiter Cyrus Waithaka über WhatsApp in Kontakt. Nachdem wir uns einen guten Überblick über Nairobi, seine Slums und Schulen verschafft hatten, entschieden wir uns, die BCC-School noch mal mit etwas mehr Zeit zu besuchen. Auf Google Maps oder Karten war die Schule nicht zu finden, deswegen vereinbarten wir mit dem Schulleiter Cyrus einen Treffpunkt in der Nähe.

Wir verabredeten uns auf dem großen Parkplatz, der zu einem modernen Einkaufszentrum gehörte. In seinem Zentrum befinden sich Modegeschäfte, ein großflächiger Supermarkt, der an die deutschen Real-Märkte erinnert, und viele kleine Technikgeschäfte. Umgeben ist das Einkaufszentrum von verfallenen Häusern. An den Straßen verkaufen Händler Kleidung und Gemüse. Fast schon verwunderlich, dass sich an diesem Ort ein solch modernes Einkaufszentrum befindet.

Der Parkplatz war leer und umzäunt. Beim Passieren wurde jedes Fahrzeug auf Sprengsätze untersucht. Der Unterboden der Autos wurde begutachtet und die Kofferräume wurden kontrolliert. Einen kurzen Blick ins Fahrzeug gab es ebenfalls. Nach den vermehrten Terroranschlägen der letzten Jahre ist es eine Standardprozedur beim Betreten öffentlicher Einrichtungen. Es war jedoch immer wieder ein seltsames Gefühl, dass man permanent kontrolliert wurde.

Cyrus erschien sehr pünktlich, was in Kenia nicht immer üblich ist. Abgeholt wurden wir mit einem T3-VW-Bus aus den 1980ern.

Das Foto ist während der Schulferien entstanden. Die Waisenkinder der Schule verbringen ihre freien Tage auf dem Schulhof.

Es gab keine befestigten Straßen auf dem Weg zur Schule. Vom Einkaufszentrum zur Schule sind es ca. 15 Minuten Fahrt. Bei uns waren es mehr als 45 Minuten, weil es am Vortag geregnet hatte und wir aufgrund der Schlammlöcher zweimal in den tiefen Furchen die Reifen festfuhren. Doch kaum 2 Minuten später standen schon die ersten Helfer bereit, um den Wagen anzuschieben. Die Menschen in Kenia sind generell sehr hilfsbereit, doch wir erkannten auch schnell, dass Cyrus in der Gegend sehr beliebt ist. Die Gegend ist wie viele Slums in Kenia sehr dicht besiedelt. Viele Bewohner, an denen wir vorbeifuhren, grüßten Cyrus und freuten sich, ihn zu sehen.

Angekommen in der Schule, wurden wir herzlich empfangen. Damals lebten ca. 88 Waisenkinder in der Schule. Verteilt auf zwei Räume übernachteten die Kinder, Jungs und Mädchen getrennt, in selbst gebauten, wackeligen doppelstöckigen Betten. Als Lattenrost wurden einfache Bretter verwendet. Bei vielen Betten fehlten schon

Die Schlafräume der BCC School. Die Betten sind marode und die Matratzen in einem äußerst schlechten Zustand.

einige Holzlatten. Die Matratzen waren aus weichem Schaumstoff und befanden sich in einem sehr schlechten Zustand. Sie waren stark verschmutzt und teils völlig zerfleddert. Cyrus erklärte uns, es gäbe ein großes Problem mit Bettwanzen. Alle Versuche, die Wanzen loszuwerden, seien bislang gescheitert, was für die Kinder zur Folge habe, dass sie wegen des starken Juckreizes oft nicht schlafen könnten. Die Böden wurden mehrmals täglich ausgefegt und gewischt, doch es stehen aufgrund der knappen finanziellen Mittel einfach keine geeigneten Reinigungsmittel zur Verfügung, um die Hygienestandards zu verbessern.

In jedem Zimmer gab es lediglich zwei Schränke, die gerade mal 2 × 2 m groß waren. Platz für das eigene Hab und Gut gab es nicht. Abgesehen davon besaßen die Kinder auch nur das, was sie trugen, ihre Schulkleidung. Vielleicht noch hier und da ein Erinnerungsstück und ein selbst gebasteltes Spielzeug, sonst weiter nichts.

Ziemlich desillusionierend, wenn man es mit dem Überfluss an Dingen vergleicht, die wir in Deutschland unser Eigen nennen. Trotzdem sind wir nicht unbedingt immer glücklicher.

Die Klassenräume waren alle sehr aufgeräumt. Die Schüler saßen an ihren kleinen Tischen und hörten konzentriert den Lehrern zu. In der Pause versammelten sich alle im Innenhof, und Cyrus stellte uns den Kindern vor. Es war erstaunlich, wie aufmerksam sie waren. Keiner tanzte aus der Reihe. Als Überraschung hatten wir im Supermarkt einen Basketball und einen Fußball gekauft, denn in der Schule gab es keine Spielsachen, und die Kinder spielten üblicherweise mit einer aus Papier und Klebeband gebastelten Kugel ihre Ballspiele. Die Freude war somit riesengroß. Wir bildeten schnell zwei Teams und spielten Fußball. Andere Kinder spielten Basketball. Alle lachten und scherzten, und jedes Kind wollte zeigen, wie sportlich es ist. Nach der Pause ging der Unterricht weiter,

Ein Schüler nutzt die Bibliothek in der Mittagspause um zu lernen.

Die Kinder lösen konzentriert ihre Matheaufgaben.

und wir schauten uns ganz still und leise mehrere Unterrichtsstunden an.

Um kurz nach 18 Uhr wurde es dunkel. Es gab kein Licht in der Schule und auch keine Straßenlaternen in der Nähe, deswegen war es wirklich stockfinster. Wir erfuhren am eigenen Leib, wie schwierig es ist, sich in der Dunkelheit zurechtzufinden. In der Bibliothek der Schule saßen die Kinder vor ihren Kerosinlampen. Die Lampen bringen zwar Licht, doch ihr Rauch brennt in den Augen, und noch viel schlimmer sind die gesundheitlichen Langzeitfolgen. Der Rauch versursacht Krankheiten wie Tuberkulose und Lungenkrebs. Eine Lernsession vor einer solchen Lampe ist, wie bereits erwähnt, vergleichbar mit dem Konsum von zwei Schachteln Zigaretten.

In der Bibliothek setzten wir uns mit den Kindern zusammen und hörten uns viele ihrer Lebensgeschichten an. Es waren überwiegend traurige und schreckliche Geschichten. Und doch überraschte es uns, dass die Kinder trotz aller Schicksalsschläge und der schwierigen Lebensumstände eine solche Lebensfreude versprühten. Viele der Jungen und Mädchen haben eine wirklich positive Denkweise, große Träume und eine relativ klare Vorstellung davon, was sie gerne einmal werden wollen. Es war wirklich inspirierend, den Kindern zuzuhören und die Leidenschaft in ihren Erzählungen zu spüren.

Viele der Kinder besitzen enorme Talente.

Ein Blick in Klassenzimmer der Grundschüler. Hier werden bis zu 40 Kinder unterrichtet.

Not macht erfinderisch. Ein selbstgebastelter Rechenschieber aus Plastikdeckeln.

Richtiges Schuhwerk haben die Kinder nicht. Oft tragen sie verschiedene Schuhe oder wie auf dem Bild zu sehen auch kaputte Flip-Flops mit defekten Laschen.

Auf dem Dach der BCC School befinden sich die Solarpanel des Systems. Die überschüssige Energie wird mit Hilfe von Batterien gespeichert, sodass auch nachts genug Kapazität vorhanden ist.

Auf der Wäscheleine werden Kleidungsstücke der Waisenkinder getrocknet.

Laura Noltemeyer (rechts), Julian Pabel (mittig), Karim Souid (links) mit dem Schulleiter Cyrus und den Kindern.

DOCH WIE HAT EIGENTLICH ALLES ANGEFANGEN?

Die Idee, einen gemeinnützigen Verein zu gründen, entstand direkt in Nairobi. Wir, das sind Julian Pabel und Karim Souid, lernten uns an der Leuphana Universität in Lüneburg kennen, wo wir schon früh durch den starken Fokus der Universität auf Nachhaltigkeit an Workshops und Seminaren rund um die Themen erneuerbare Energien und soziales Unternehmertum teilnahmen. Wir haben viel gemeinsam, und wirklich große Gründergeschichten begeisterten uns schon damals.

Anfang 2015 kam Karim aus China zurück, wo er ein Auslandssemester und Praktikum absolviert hatte. Ich war zu der Zeit noch Werkstudent bei der Allianz. Wir hatten uns lange nicht gesehen, und aus einem kurzen Lunch beim Vietnamesen in der Hamburger Innenstadt wurden mehr als 3 Stunden Brainstorming zu unterschiedlichsten globalen Themen.

Das Resultat: Wir wollten ein möglichst großes Problem lösen. Afrika hat ein enormes Energieproblem, und Solarenergie sollte die effektivste und kostengünstigste Lösung sein. Von nun an trafen wir uns jeden Tag in der Helmut-Schmidt-Universität Hamburg. Die Bibliothek war nicht so stark besucht wie andere Bibliotheken in Hamburg, somit waren wir weitgehend ungestört. Da wir niemanden kannten, wurden wir auch nicht von Bekannten oder Kommilitonen abgelenkt. Es war also ein optimaler Ort, um konzentriert zu arbeiten.

Mehr als ein halbes Jahr lang fokussierten wir uns auf den afrikanischen Markt und sammelten alles an Informationen, das uns hilfreich erschien. Anfangs informierten wir uns relativ allgemein und speicherten Infos über Wirtschaft, Innovationen und Kultur. Was uns aber auffiel, war der Technologiesektor. Es war besonders erstaunlich, wie rasant und innovativ Ideen umgesetzt wurden und Unternehmen entstanden.

Doch all das theoretische Wissen war nicht viel wert, da wir die Praxis nicht kannten. Also war der nächste Schritt ziemlich logisch. Wir mussten schnellstmöglich nach Afrika. Nur wie und wohin? Bestenfalls über Kontakte, denn das erleichtert die Eingewöhnung vor Ort. Wir recherchierten also nach Ansprechpartnern an unserer Universität. Es gab eine Handvoll Professoren, die sich mit Solarenergie und Umwelttechnologie auseinandersetzten, also vereinbarten wir zeitnah Termine. So erhielten wir den Hinweis, dass es ein durch die UNESCO und den DAAD (Deutschen Akademischen Austauschdienst) gefördertes Forschungsprojekt gibt, das Projekte in verschiedenen Entwicklungsländern durchführt. Mittlerweile hatten wir auch schon ein Ziel – Kenia stand ganz oben auf unserer Wunschliste. Das Land war die aufstrebende Kraft in Ostafrika, sei es als wirtschaftlicher Knotenpunkt oder als politischer Standort. Kenia zog eine Vielzahl globaler Unternehmen und Einrichtungen an. Auch Barack Obama reiste 2015 in das Geburtsland seines Vaters und lobte die Entwicklung. Besonders für Investoren war das eine wichtige Botschaft. Wir reichten also unsere Unterlagen ein und begründeten unseren Wunsch.

Ein paar Wochen später erhielten wir eine E-Mail. Unser Wunschziel wurde akzeptiert, und wir freuten uns sehr über die Nachricht. Für uns ging es nun für ein Forschungsprojekt für 3 Monate nach Nairobi, Kenia.

Am 15. September 2015 landeten wir in Nairobi. Am Ausgang des Flughafens besorgten wir uns direkt eine SIM-Karte. Ein Bekannter hatte für uns ein Taxi organisiert, und wir kontaktierten den Fahrer, um unseren Standort durchzugeben. Der Fahrer sammelte uns ein, und so machten wir uns auf den Weg zu unserer Airbnb-Unterkunft in Kilimani, ca. 30 Minuten Fahrtweg vom Flughafen entfernt. Die Fahrt dauerte jedoch eine Ewigkeit. Es war 17 Uhr, und das Verkehrsaufkommen war gigantisch. Unser Fahrer versuchte, die Staus zu umfahren, aber auch die Nebenstraßen waren ziemlich dicht. Wir fuhren direkt durch die Slums, und die ersten Eindrücke waren schon gewaltig: Durch den starken Regen der Tage zuvor hatten sich auf den nichtgeteerten Straßen riesige Wasserpfützen gesammelt. Überall sah man kleine Feuer, wenn die Menschen am Straßenrand Müll verbrannten, weil es keine Recycling-Infrastruktur gibt. Aus den Lkw und Bussen entwichen gigantische Rußwolken, sodass der Dieselskandal von VW fast schon paradox klang. Überall an den Straßenrändern sah man Menschen, die teilweise gefühlt endlos lange Strecken zu Fuß gingen, weil sie sich kein Fortbewegungsmittel leisten konnten. In der nahen Vergangenheit gab es in Kenia und auch direkt in Nairobi erschütternde terroristische Anschläge. Deswegen patrouillierten überall Polizisten mit Maschinengewehren. Sicherer fühlte man sich dadurch aber nicht. Es war eher ein wenig beängstigend.

Wir hatten unsere Idee entwickelt. Wir waren vor Ort. Nun mussten wir mit den Menschen in den Slums in Kontakt kommen, um sie umsetzen zu können. Nach dem ersten Eindruck stellten wir uns das Ganze etwas schwieriger vor, als angenommen, denn wir hatten noch keinen Ansprechpartner vor Ort und keinerlei Kontakte. Doch wie so oft im Leben sollte alles ganz anders kommen.

WIE DER KONTAKT ZU DEN SCHULEN ZUSTANDE KAM

Im Airbnb angekommen, wurden wir von zwei freundlichen Damen empfangen. Eigentlich sollte uns das Apartment allein gehören, doch Carey, eine Australierin, die seit über 10 Jahren in Nairobi wohnt, teilte uns mit, dass sie ihre Flüge umbuchen musste. Also wohnten wir mit ihr und ihrer Mitbewohnerin Sheera, einer Kenianerin, noch für mehr als 2 Wochen zusammen. Zunächst waren wir davon alles andere als begeistert, schließlich hätte uns Carey vor unserer Reise darüber informieren können. Doch am nächsten Tag tauschten wir uns ein wenig länger aus und stellten fest, dass die beiden Damen eine große Bereicherung für unser Vorhaben sein würden.

Carey und Sheera bieten Leadership-Training für Frauen an. Seit über 10 Jahren waren sie bereits in den Slums unterwegs und reisten für ihre Schulungen bis an die Landesgrenzen. Sie bringen Frauen zusammen, die etwas verändern wollen, starke Frauen, die das teilweise sehr harte Leben in Kenia meistern. Doch all das funktioniert nur mit Wissen und vor allem einer Gemeinschaft.

Zentren der vielen Gemeinschaften in Kenia bilden oft Schulen. Das Bildungssystem des Landes weist viele Lücken auf, und aus dem Grund fördern Carey und Sheera mit ihrem Verein Manasprings auch Schulen bzw. dessen Führungspersonal.

Gemeinsam mit den beiden Damen besuchten wir direkt am nächsten Tag nach unserer Ankunft mehrere Schulen in den Slums von Nairobi. Der Fokus lag auf Schulen, die keine staatliche Unterstützung erhalten und folglich auf externe Hilfe angewiesen sind. Die Eindrücke waren unglaublich. Die Menschen hatten einfach nichts. Es gab kein Wasser, keinen Strom, keine Nahrung. Manche Schulen waren in einem desaströsen Zustand und kurz vor dem Verfall. Es gab zu den schwierigen Umständen also auch noch ein bauliches Sicherheitsrisiko. Nach einem äußerst langen Tag saßen wir auf der Heimfahrt dann schweigend auf der Rückbank im Auto. Wir mussten die ganzen Eindrücke und Geschichten der Menschen erst mal ein wenig sacken lassen. Wir waren traurig und beeindruckt zugleich, denn die Menschen hatten Hoffnung. Sie glaubten an Besserung, an das Gute. Sie hatten Freude am Leben trotz all der Widrigkeiten. Das ermutigte uns, noch mehr über sie zu erfahren, und von nun an begleiteten wir die beiden Damen von Manasprings täglich. Von morgens bis abends besuchten wir etliche nichtstaatlich geförderte Schulen und trugen alle Informationen zusammen.

Die Schulen hatten viele Gemeinsamkeiten. Sie hatten alle tagtäglich hart zu kämpfen. Es gab keinen Zugang zu sauberem Trinkwasser, nicht genug Nahrung für alle Schüler in den Mittagspausen und keinen Strom. Viele Gegenden waren erst gar nicht an das Stromnetz angebunden. Doch selbst wenn es eine Anbindung an das Stromnetz gab, waren die Ausfälle extrem häufig und dauerten in den Slums teilweise mehrere Wochen an. Zudem war das Unternehmen Kenya Power im Jahr 2015 noch ein Monopolist und konnte die Preise faktisch frei bestimmen. Die Nachfrage war hoch, und die Preise waren es ebenfalls.

Um ca. 18 Uhr wird es in Nairobi täglich dunkel, und einige der Schulen beherbergten bis zu 150 Waisenkinder, die von da an in der Dunkelheit saßen. Viele hatten Angst im Dunkeln, und nur wenige persönliche Geschichten der Kinder reichten aus, um zu verstehen, warum die Dunkelheit ihnen kein gutes Gefühl gab, denn Diebe und Vergewaltiger nutzen die Dunkelheit als Schutz.

Um weitere Probleme zu identifizieren, entwickelten wir Fragebögen für die Schulen. Bei allen Schulen war der fehlende Zugang zu Strom neben dem Zugang zu sauberem Trinkwasser das größte Problem.

Wenn man sich die Zahlen anschaut, wird das Problem der fehlenden Energieversorgung besonders deutlich. In Kenia leben ca. 47,5 Millionen Menschen. Mehr als 70 % der Menschen haben keinen Zugang zu Strom. Das bedeutet, dass ca. 33 Millionen Menschen keinen Strom beziehen – eine wirklich enorme Zahl und ein gigantisches Problem.

Gleichzeitig bietet Kenia aufgrund seiner geografischen Lage die optimalen Voraussetzungen für die effiziente Nutzung von Solartechnologie. Im Vergleich zu Deutschland (800 –1.200 kWh/m^2 eingestrahlte Sonnenenergie) bietet die Sonne in Ostafrika mit 2.500 kWh/m^2 jährlich mehr als doppelt so viel Ertrag. Die hohe Sonnenintensität bietet folglich herausragende Bedingungen für eine effiziente und nachhaltige Energiegewinnung durch Solaranlagen.

Wir fragten uns, wie wir mit unseren Ressourcen einen Mehrwert für diese Schulen erreichen könnten, die uns bei jeder Ankunft immer auf das Herzlichste empfangen hatten. Die Schulen hatten uns mit ihrer Arbeitsweise, Struktur und der positiven Lebenseinstellung der Schüler und Lehrer sehr begeistert. Diese positive Lebenseinstellung bei den schwierigen Lebensumständen berührte uns sehr. So entschlossen wir uns, ein Konzept zu entwickeln, das ihre Situation nachhaltig verbessern sollte.

EINE ENTSCHEIDUNG AUS LEIDENSCHAFT

Zurück in Deutschland wollten wir umgehend handeln. Deswegen gründeten wir den Verein JUAMII e. V. Der Name setzt sich aus den swahilischen, also suahelischen, Begriffen der Landessprache *Jua* (Sonne) und *Jamii* (Gemeinschaft) zusammen.

Meine Lebenspartnerin Laura Noltemeyer konnte uns in Kenia leider nicht besuchen, war aber immer informiert. Sie unterstützte uns von nun an mit dem Aufbau des Vereins und den anstehenden herausfordernden Aufgaben. Wir waren selbst nicht in der einfachsten Situation, denn für uns alle im Team standen große Zukunftsentscheidungen an. Wir wussten alle noch nicht, wohin unsere Reise gehen sollte. Doch eine Sache war für uns zu 100 % klar: Wir können den Menschen in Kenia helfen.

Dazu benötigten wir erst mal kein Kapital, sondern ein hochmotiviertes Team und viel Leidenschaft. Wir investierten sehr viel Zeit in unser Projekt, recherchierten nach den größten Problemen der Entwicklungshilfe und studierten etliche Ansätze, von Mikrofinanzierungskonzepten des Nobelpreisträgers Mohamed Yunus bis hin zu Performanceanalysen von Crowdfunding-Plattformen wie Betterplace-Kampagnen. Wir wollten möglichst alles richtig machen und typische Fehler vermeiden.

Wir wollten den Schulen nicht nur Energie zur Verfügung stellen, sondern einen nachhaltigen Ansatz verfolgen. So entwickelten wir ein Autarkiekonzept für die Schulen. Die Basis bildete das Solarsystem, und das Ziel war es, dass sich die Schulen zukünftig selbst finanzieren können.

Um eine Unabhängigkeit zu erreichen, sollten die eingesparten Kosten wieder reinvestiert werden. Unser erstes Projekt war die Tenderfeet School. Mit Margaret Nyabuto hatte die Schule eine sehr ambitionierte und zielstrebige Schulleiterin. Die Entwicklung der Schule war in den letzten Jahren durchweg positiv. Die Schulleitung verfolgte eine klare Zukunftsvision. Außerdem übernachteten mehr als 20 Waisenkinder täglich in der Schule.

Wir entwickelten einen weiteren Fragebogen für die Schulen und fragten darin nach Angaben zu dem bisherigen Energieverbrauch, der Anzahl der Geräte, zu generellen Kosten für Feuerholz etc. Zudem entwickelten wir einen kleinen Businessplan mit der Schule.

Ein Teil des Businessplans war die Investition in Agrar- und Landwirtschaft, wie z. B. den Ausbau der Hühnerhaltung. Ein Teil der Eier sollte für die Ernährung der Kinder genutzt werden. Der restliche Teil der Eier sollte verkauft werden. So hätten die Kinder eine ausgewogenere Ernährung und würden mit wichtigen Nährstoffen versorgt werden, welche der tägliche Maisbrei nicht liefern kann. Zudem könnten mit den Einnahmen aus dem Verkauf der Eier zusätzliche Lebensmittel gekauft werden, um die Vielseitigkeit der Ernährung Schritt für Schritt zu verbessern. Ein äußerst großes Problem ist die Mangelernährung, welche viele gesundheitsschädigende Folgen mit sich bringt.

Die Hühnerzucht war nur ein kleiner Teil des Ganzen. Nach einiger Zeit hatten wir ein gutes Gesamtkonzept entwickelt, welches optimal auf die Bedürfnisse der Menschen vor Ort zugeschnitten war. Der nächste große Schritt war nun die Finanzierung.

Not every place you fit in is where you belong. Das Zitat von Dalai Lama ziert einen Stundenplan vom Küchenpersonal.

Jedes Kind bekommt 3 Mahlzeiten am Tag.

Mittagspause in der Schule. Es gab Reis mit Bohnen.

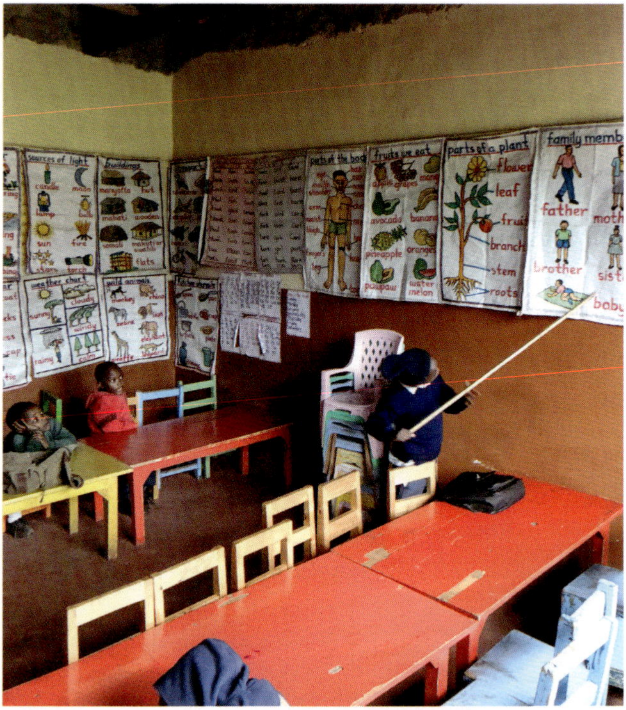

Auch nach Schulschluss lernen die Kinder noch fleißig.

Gespielt wird mit allem, was man finden kann.

Laura verabschiedet sich von den Kindern.

Der Schlafraum der Waisenkinder ist mit einer LED-Lampe ausgestattet.

Nach dem erfolgreichen Tag an der Tenderfeet School ist das Gruppenfoto entstanden. Auf dem Dach des Gebäudes sind die Solarpanel zu sehen.

ÜBER SOCIAL MEDIA BEWUSSTSEIN SCHAFFEN

Als erste Idee für die Finanzierung der Schule kam uns Crowdfunding in den Sinn. Sie kennen das, man legt ein Projekt an mit der entsprechenden Projektbeschreibung und stellt es im Internet vor. Menschen können dann online für das Projekt spenden. Wir suchten uns eine geeignete Plattform und erstellten das Projekt mit dem Finanzierungziel.

Nebenbei haben Laura und ich schon Projekte im Social-Media-Bereich aufgebaut, unter anderem das Onlineportal Designdschungel, und konnten eine gewisse Reichweite aufweisen. Diese wollten wir nutzen, um auf unser Projekt aufmerksam zu machen. Wir stellten schnell fest, dass dieser Ansatz ganz gut funktionierte. Jedoch standen wir auch da noch am Anfang, und die Ressourcen waren irgendwann ausgeschöpft.

Trotzdem konnten wir etwas Tolles beobachten. Die Nutzer kontaktierten uns direkt und stellten Fragen zu unserem Projekt. Sie wollten mehr über die Menschen wissen, über die Bildung und die allgemeinen Zustände im Land. Seitdem die Idee zu JUAMII entstand, war uns besonders wichtig, all unsere zur Verfügung stehenden Möglichkeiten auszuschöpfen, um vielen Menschen ein möglichst realistisches Bild von Kenia aufzuzeigen, wie es anderswo manchmal nicht ganz vermittelt wird. Über die direkte Kommunikation war es uns möglich, in den Austausch zu treten. Mit jeder Nachricht konnten wir ein Stück weit aufklären und Wissen transferieren, manchen Menschen vielleicht sogar die Augen öffnen. Die Rückmeldung war teilweise wirklich überwältigend.

Die Finanzierung erledigte sich nicht von selbst, und es war ganz besonders in den ersten Monaten ein ziemlich aufwendiger Prozess. Einige Versprechen und Zusagen, auf die wir uns verlassen hatten, wurden nicht eingehalten. Das warf uns teilweise um einiges zurück. Manche wollten unbedingt Verantwortung übernehmen, doch verloren schnell wieder das Interesse. Vielleicht war das auch dem Faktor geschuldet, dass die Arbeit unentgeltlich erfolgte. Also mussten wir die Aufgaben schließlich wieder selbst übernehmen und weiterhin nach Lösungen suchen. Bei potenziellen Unterstützern mussten wir sehr viel Überzeugungsarbeit leisten, denn wir hatten noch kein Referenzprojekt vorzuweisen.

Erschwerend kam hinzu, dass wir uns alle beruflich orientieren mussten. JUAMII war eine Herzensangelegenheit. Laura und ich gründeten parallel noch ein Unternehmen im Bereich des Social Media Marketings.

All die Erfahrungen, die wir mit JUAMII sammeln konnten, halfen uns in der Zukunft. Die Projektphasen und die Strukturen waren unternehmerisch aufgebaut, und wir haben uns permanent Meilensteine gesetzt. Wir haben immer nach der kostengünstigsten und effektivsten Lösung gesucht und bestehende Konzepte

Voller Stolz präsentieren die beiden Jungs ihre Abzeichen für besonders gute Noten.

optimiert. Die Menschen standen dabei immer im Vordergrund, deswegen war uns auch schnell klar, dass wir kenianische Solarunternehmen beauftragen mussten. So konnten wir Arbeit und bestenfalls Arbeitsplätze schaffen. Unser jetziger Partner in Nairobi hat nun mittlerweile das dritte Projekt mit uns umgesetzt. Im Nachhinein hat er uns erzählt, dass er sich vor unserem ersten Projekt in einer schwierigen Phase befand. Die Auftragslage war schlecht, und er stand unter einem enormen Druck, da er zwei Angestellte hatte, die bereits seit 2 Monaten auf ihr Gehalt warteten. Er selbst war verzweifelt, da er in seiner anfänglichen Phase der Selbstständigkeit immer sein Bestes gegeben hatte. Durch unser Projekt konnte er wieder Hoffnung gewinnen, und die Tatsache, dass er ein komplettes Solarsystem mit einem Partner aus Deutschland umsetzen konnte, war eine wertvolle Referenz.

Viele der gesammelten Eindrücke und Erfahrungen konnten wir für unsere eigene spätere berufliche Entwicklung nutzen. Mit mittlerweile drei eigenen Unternehmen ist es für Laura und mich manchmal nicht einfach, zeitliche Kapazitäten zu finden, doch alle Unternehmen befinden sich in einem Gebäude, so dass JUAMII nie zu kurz kommt. Karim ist nach seinem Master in Shanghai in die Schweiz gezogen und hat die Stelle bekommen, auf die er jahrelang hingearbeitet hat. Die Verbindung von Zürich nach Hamburg ist ziemlich gut, aber viele Dinge lassen sich auch mal zwischendurch über eine Videokonferenz besprechen.

Was uns alle nach wie vor antreibt, ist die Leidenschaft. Wir sind stolz, dass die Projekte so wunderbar funktionieren. Die Menschen vor Ort sind überglücklich und dankbar, und wir konnten schon beim ersten Projekt einen großen Fortschritt erkennen. Neben dem beachtlichen Mehrwert, den der Strom für die Menschen mit sich bringt und der das Leben in vielen Situationen vereinfacht, ist der mentale Effekt beeindruckend. Wir konnten den Menschen Hoffnung geben. Wir glauben an sie, und das spüren sie auch.

1 Jahr nach dem ersten Projekt, der Tenderfeet School, sprachen wir mit der Schulleiterin, und sie berichtete uns von einem signifikanten Anstieg des Notenspiegels. Die Kinder konnten in den Abendstunden lernen, und die allgemeine Motivation stieg an. Es gibt so viele Dinge, die sich positiv entwickelt haben.

Hier wächst im Garten der Tenderfeet School verschiedenes Gemüse. Durch die vertikale Bepflanzung kann Platz und Wasser gespart werden. Die Wasserpumpen werden mit Solarstrom betrieben.

Zum Beispiel konnte mit dem Strom ein Kühlschrank betrieben werden, in dem die Lebensmittel nun länger haltbar bleiben und Medikamente für die Kinder gelagert werden. Die Waisenkinder, die gleichzeitig in der Schule wohnen, fühlten sich durch das Licht sicherer und haben weniger Angstzustände, sobald es dunkel wird. Außerdem konnte ein vertikaler Gemüsegarten errichtet werden. Mit dem Solarstrom können die Pumpen zur Bewässerung betrieben werden, und die Schule baut ihr eigenes Gemüse an. Neben der finanziellen Entlastung der Schule kommt die ausgewogene Ernährung den Kindern zugute. Dies sind nur einige Bespiele der positiven Veränderungen.
Wir werden auch zukünftig unser Herzensprojekt JUAMII mit Leidenschaft voranbringen. Die Kosten für Marketingleistungen konnten wir durch unsere großen Reichweiten auf den Onlinekanälen von Designdschungel und unserer Agentur Influencing101 bei null halten. Die Spendengelder gingen somit immer dorthin, wo sie am nötigsten gebraucht wurden – zu den Kindern. Wir werden auch weiterhin über die sozialen Kanäle berichten, denn so schaffen wir Transparenz und können gleichzeitig aufklären.

Wir bedanken uns bei allen, die an unsere Idee und unser Konzept glauben, und freuen uns auf eine gemeinsame Zukunft. Auch der großen Unterstützung von Kollegen und Kolleginnen aus der Branche, die ihrem Umfeld und ihrer Community von JUAMII, der Situation in Nairobi und den Projekten berichtet haben, gebührt Dank.
Gemeinsam möchten wir nun in die Zukunft blicken. Werden auch Sie Teil unserer Vision, in dem Sie sie unterstützen. Auch ein kleiner Beitrag kann Großes bewirken!

#JuamiiBetterFuture

WIE KÖNNEN SIE DIE KINDER UNTERSTÜTZEN?

Dieses Buch widmen wir den Kindern aus Nairobi. Durch ihre Geschichten können Sie in einen Teil ihrer Gedankenwelt eintauchen. Ihre Welt ist voller Träume, Wünsche und Hoffnungen auf eine positive Zukunft. Die Lebensfreunde und die Motivation der Kinder durften wir selbst vor Ort erleben. Für uns war es enorm inspirierend und traurig zugleich, da die Verhältnisse so dramatisch sind.

Wir möchten Ihnen mit diesem Buch aufzeigen, wie viel Potenzial in den Kindern steckt und wie wichtig es ist, ihnen die Möglichkeit zu geben, ihre Träume zu verwirklichen.

Sie, liebe Leserinnen und Leser, können auf verschiedene Art und Weise helfen. Es kann zum Beispiel direkt an unseren Verein gespendet werden:

JUAMII e. V.
Bank: Skatbank
IBAN: DE85 8306 5408 0004 9639 46
BIC: GENODEF1SLR

Sie können aber auch eine Patenschaft für ein Kind übernehmen. Die jährlichen Kosten (Mahlzeiten, Lernmaterialien, Schuluniform, Hygieneprodukte, Gehälter für die Lehrkräfte) liegen bei ca. 35 € pro Monat.

Eine Spende von 50 € würde bereits ausreichen, um ein Kind ein ganzes Jahr lang mit einer täglichen Mahlzeit zu versorgen.

Mit jeder kleinen Unterstützung kommen wir einen Schritt weiter, denn es werden Gelder für die Waisenkinder, neue Matratzen, Betten, Kochutensilien, Computer und Schulmaterialien benötigt.

Schreiben Sie uns dazu gerne eine E-Mail: info@juamii.org

JAMii

KINDERSTIMMEN AUS DEN SLUMS VON NAIROBI

Sauti Kutoka Africa – den Stimmen aus Afrika will dieses Buch Gehör verschaffen, genauer gesagt, den Stimmen der Kinder aus den Slums von Nairobi. Dazu mussten wir sie erst einmal festhalten. Aus diesem Grund haben wir die Schüler unseres Projektpartners, des Bethlehem Community Centers im Kibera-Slum in Nairobi, gebeten, etwas über ihr Leben aufzuschreiben, über sich, ihre Geschichte, ihre Familie, ihre Schule, ihre akademischen Resultate, ihre Wünsche für die Zukunft, was sie einmal werden wollen, wo sie sich in 5 oder 10 Jahren sehen, welchen Herausforderungen sie sich stellen müssen, wie ein beispielhafter Tag aussieht. Damit wir Leser, damit etwaige Sponsoren oder Paten sich noch besser in ihre Gedankenwelt einfühlen können und ihre Wertvorstellungen verstehen, erzählen die Kinder uns auch ihre liebsten Märchen und Geschichten. In Fällen, in denen eine Erläuterung sinnvoll schien, haben wir eine Ergänzung in eckigen Klammern beigesteuert oder eine Fußnote gesetzt. Nun aber hören wir den Kindern zu!

Elisie Wairimu

8. Klasse

Ich heiße Elisie Wairimu und gehe in die 8. Klasse des Bethlehem Community Centers. Ich habe eine braune Hautfarbe und bin klein. Ich bin 13 Jahre alt und lebe in Kioi, Nairobi. Ich verbringe die meiste Zeit in der Schule mit meinen Lehrern, sodass ich viel lerne und kreativ sein kann. Ich bin überzeugt, dass Bildung der Schlüssel zum Erfolg ist. Ich würde gerne ein Safaricom[1] Manager werden so wie Bob Collymore[2], denn er hat viele Kinder gerettet, auch die in den Straßen Nairobis. Er ist mein Vorbild. Mein Leben ist sehr einfach. Ich komme aus einer fünfköpfigen Familie aus der Mittelschicht. Ich habe meine Mutter, meinen Vater und zwei Brüder. Denilson ist mein ältester Bruder, er ist 20 Jahre alt. John ist der Zweitgeborene und ist 17 Jahre alt. Die beiden helfen mir beim Lernen. Ich bin einzigartig in meiner Familie, denn ich bin das einzige Mädchen und die Jüngste zugleich. An einem normalen Tag helfe ich meiner Mutter bei der Hausarbeit, denn sie haben kein Geld für eine Haushaltshilfe. Ich finde die Entwicklung durch den Gouverneur gut. Er schafft viele Arbeitsplätze, sodass Leute ihr Leben so leben können, wie sie möchten.

In meiner Schule bin ich sehr ordentlich und gehe sicher, dass die Schule glänzt wie ein neuer Pfennig. Ein sauberer Ort ist wichtig, um Krankheiten zu vermeiden, und Reinlichkeit kommt nach Gottesfürchtigkeit. Die Schule ist ein Ort, an dem ich mit der

---

[1] Safaricom PLC ist ein börsennotierter kenianischer Mobilfunknetzbetreiber mit Hauptsitz in Nairobi, Kenia. Es ist der größte Telekommunikationsanbieter in Kenia und eines der profitabelsten Unternehmen in Ost- und Zentralafrika.

[2] Robert William Collymore war ein in Guayana geborener britischer Geschäftsmann, der als Geschäftsführer bei Safaricom tätig war.

Unterstützung meiner Lehrer Neues lerne. In der Schule verbringe ich am liebsten meine Zeit mit den Lehrern oder lese in der Schulbibliothek. Mein Schulleben ist wirklich sehr interessant und voller Spaß und harter Arbeit.

Mein Traumjob ist Anwältin, aber nicht irgendeine Anwältin, sondern die beste! Ich würde gerne als Anwältin für die Regierung arbeiten. Ich stelle mir die Arbeit fantastisch vor. Ich würde auch gerne Schauspielerin werden, so wie Lupita Nyong'o, sodass ich im Ausland arbeiten kann und die berühmteste Schauspielerin werden kann. Ich will ein Vorbild für andere junge Schauspieler sein.

Ich dränge die anderen Schüler dazu, ihren Lehrern gehorsam zu sein, doch nicht nur ihren Lehrern, sondern auch Ihren Eltern und Altersgenossen. So bestehen sie ihre Examen und haben ein langes Leben. Zuletzt solltest du Gott für das Wenige, was du hast, immer dankbar sein, denn irgendwo gibt es jemanden, der noch weniger hat als du. Stelle Gott immer an erste Stelle, egal, was du tust. Dies rate ich den anderen Schülern.

Du solltest Gott für das Wenige, was du hast, immer dankbar sein, denn irgendwo gibt es jemanden, der noch weniger hat als du.

Ich wünschte, ich könnte den Präsidenten meines Landes treffen, denn wenn ich die Straßen Nairobis entlanglaufe, sehe ich viele Straßenkinder, denen es nicht nur an Grundbedürfnissen, sondern auch an Bildung fehlt. Ich bete zu Gott, dass sie eines Tages die Möglichkeit bekommen, zur Schule gehen zu können. Wenn ich den Präsidenten treffen würde, dann würde ich ihm sagen, dass er ganz viele Kinderheime für die Straßenkinder bauen soll und auch Rampen für die behinderten Leute und dass er den Kenianern raten soll, in Frieden zu leben, die größten Patrioten zu sein und sich gegen Korruption oder Bestechung zu wehren.

Meine Zukunft wird gut, denn ich erwarte, einen guten Job zu bekommen, der mich in meinem Lebensstil unterstützen kann. Ich hoffe, die beste Anwältin und Schauspielerin zu werden, sodass ich meinen Eltern ein großes Haus bauen kann. Ich wünsche mir, dass mein Land in Frieden lebt und sich gut entwickelt. Ich erwarte, dass meine Brüder der beste Trainer und der beste Fußballer werden, so wie Christiano Ronaldo. Aber in den nächsten Jahren werde ich eine berühmte Anwältin und Schauspielerin. In Zukunft werde ich meine Ziele erreichen, und dies sind keine leeren Geschichten, es ist mein Schicksal. Ich weiss es. Wenn jemand besser als ich ist, dann werde ich noch besser sein, denn ich glaube an den allmächtigen Gott. Geduld zahlt sich aus, und ich bin geduldig.

Phenny Achieng

7. Klasse

Mein Name ist Phenny Achieng. Ich wurde am 25. Dezember 2006 geboren. Ich wurde an einem Ort namens Nyika geboren, doch meine eigentliche Heimat ist Kisumu in der Nähe des Victoriasees, des zweitgrößten Sees Afrikas. Unsere Eltern bringen uns schon immer das Fischen bei, heutzutage sind fast alle Bewohner unseres Dorfes Fischer. Das ist der Grund, warum hier jeder Fisch mag. Mein Lieblingsessen ist Fisch. Ich habe fünf Geschwister, ihre Namen sind Taphetha, Griphine, Faith, Annishia und Tonnyblair.

LEBEN

Seitdem ich geboren wurde, bis jetzt, wo ich erwachsen bin, sehe ich die Herausforderungen, die mich zu einem erfolgreichen Mädchen gemacht haben. Auf den ersten Blick erscheint mein Leben manchmal hart und manchmal einfach. Weil man für mich irgendwie das Schulgeld zahlen muss, bleibe ich noch ungefähr 1 Monat zu Hause und werde meiner Mutter helfen. Ich brauche daher deine Hilfe. Ich bin eine Schülerin und arbeite hart. Während ich daheim bin, wiederhole ich den Stoff. Ich bin ein gesundes und gutes Mädchen. Normalerweise mag ich alle Menschen in meinem Leben, denn sie sind aus Gottes Ebenbild gemacht. Daher gibt es keinen Grund, sie zu hassen. In meinem Leben liebe ich immer alle Menschen gleich. Auch wenn du nichts weißt, kannst du trotzdem Talent haben, und mein Talent ist das Singen und Tanzen. Aber ich glaube daran, dass nur harte Arbeit zum Erfolg führt. Ich mag mein Talent, weil es Gottes Geschenk ist. Manchmal, wenn ich singe, kommen Leute dazu und singen mit mir, und manchmal, wenn ich tanze, dann setzen sie sich hin und schauen mir zu. Ich bin glücklich, wenn ich Menschen lachen höre.

Ich bin glücklich, wenn ich Menschen lachen höre.

SCHULE

Ich besuche die 7. Klasse und gehe regelmäßig zur Schule und arbeite extra hart, um meine Ziele zu erreichen. Ich bin nicht die Schlaueste, doch ich arbeite immer sorgfältig, was mir geholfen hat, die Nummer eins zu werden. Ich bin stolz auf mich. Gott hat mich nach seinem eigenen Bild geschaffen, und ich bin ehrfürchtig und wundervoll geworden. Paul sagte einst, wer nicht arbeitet, soll nicht essen, daher strenge ich mich extra doll an, um eine gute Zukunft zu haben. Mein Lieblingsfach sind die Naturwissenschaften, denn wir lernen mehr über die Umwelt und vertiefen unsere Fähigkeiten. In der Schule mag ich es sauber und geordnet. Ich sorge dafür, dass die Schule brandneu aussieht. Ich bin gehorsam und respektvoll anderen gegenüber.

ZUKUNFT

Seitdem ich geboren wurde, sehe ich eine gute Zukunft, wenn ich erwachsen bin, denn ich bin ein hart arbeitendes Mädchen. Daher habe ich mich entschieden, hart für die Schule zu arbeiten, und wenn ich groß bin, dann will ich Ärztin werden. Ich träume davon, seitdem ich klein bin, und es würde mich glücklich machen, eine Ärztin zu werden. Meine Arbeit würde der Gesellschaft ein gesundes Leben bringen, und das würde mich extrem glücklich machen. Der Grund, warum ich Ärztin werden will, ist der, dass ich den Bedürftigen und meinen Eltern helfen will. Ich arbeite hart, um dieses Ziel zu erreichen. Ich würde gerne nach Deutschland reisen, um mehr über dieses Land zu lernen. Ich hoffe, ich kann mein Versprechen halten, möge Gott dich schützen.

Waren Omondi

8. Klasse

MEINE GESCHICHTE

Ich heiße Waren Omondi, ich bin 14 Jahre alt. Ich lebe in Nairobi, wurde aber in Kisumu bei Nyando geboren. Ich bin ein großer, brauner, energetischer Junge – ich nehme immer alles ernst, insbesondere bei meinen akademischen Aktivitäten. Ich erledige diese bis zur Perfektion. Ich bin der Erstgeborene meiner Familie, bestehend aus zwei Kindern, meiner Schwester und mir. Ich lebe mit meiner Mutter in unserem kleinen Haus in der Nähe vom Nairobi-Fluss. Jeden Morgen wache ich auf und nehme ein Bad, bevor ich das Haus putze. Dann mache ich Frühstück, was immer schwer zu kriegen ist, und wenn es gefunden ist, reicht es nicht immer für uns alle. Dann gehe ich los zur Schule in meiner Hauskleidung, weil mir meine Schuluniform zu klein ist. Aber ich muss mein Leben vorantreiben, weil ich bessere Ziele für die Zukunft habe.

In der Schule liebe ich Mathe, Englisch und Naturwissenschaften, denn die treiben meine Abschlussnote hoch. Ich bin so weise wie Salomon[1] und werde bei Prüfungen immer Erster. Ich habe große Hoffnungen für meine KCPE [die Abschlussprüfung der kenianischen Primarstufe], weil sie bestimmen wird, ob ich weiter zur Schule gehen kann. Wenn ich zu Hause kein Essen bekommen kann, dann gehe ich ins BCC, denn dort kriege ich etwas. Wenn ich frei habe, spiele ich Fußball, denn das ist mein Lieblingshobby.

Wenn ich zu Hause kein Essen bekommen kann, dann gehe ich ins BCC, denn dort kriege ich etwas.

Einmal im Leben möchte ich gerne die Schweiz besuchen und die wunderschönen schneebedeckten Berge sehen und Snowboarden lernen. Und selbst wenn mein Leben anders läuft, möchte ich weiterlesen und lernen, für eine bessere Zukunft.

ZUKUNFT

Ich lerne fleißig, weil ich Ingenieur werden will. Zu diesem Wunsch kam ich wohl, weil ich als kleiner Junge meinem Vater oft dabei zusah, wie er mit einem Kabel Trockenbatterien zusammenschloss und wie dann am Ende die Birne leuchtete. In 10 Jahren werde ich meinen KCSE-Abschluss [Abschlussprüfung der kenianischen Sekundarstufe] gemacht haben und die Kenyatta-Universität besuchen, um dort Ingenieurwesen zu studieren. Nach Abschluss mei-

---

[1] König Salomo bzw. Salomon war – nach der Darstellung der Bibel – im 10. Jahrhundert v. Chr. Herrscher des vereinigten Königreichs Israel. Auch im Koran wird Salomo erwähnt und gilt als besonders weiser König.

nes Studiums werde ich für die Regierung arbeiten, und die werden mir gutes Geld bezahlen. Das werde ich dann benutzen, um Waisen und Straßenkindern zu helfen. Außerdem werde ich meiner Mutter ein schönes Haus bauen. Dann werde ich mich nach einer Frau umsehen, heiraten und drei Kinder zur nächsten Generation beisteuern. Dann baue ich uns ein Haus, und wir leben glücklich zusammen. Alles, was dann noch in meinem Leben bleibt, lege ich in Gottes Hände, der uns beschützen möge.

SCHULE

Ich lerne im Bethlehem Community Center. Ich konzentriere mich immer auf den Unterricht. Das Beste ist, dass ich in einer Klasse mit 40 Schülern immer der Klassenprimus bin. Ich wurde hierhergebracht, weil die meisten Leute hier liebevoll und fürsorglich sind. Wenn du eine Waise im Bethlehem Community Center bist, dann sind die Schulgebühren und das Essen bezahlt. Hauptsächlich bin ich im Bethlehem Community Center, weil es Sponsoren gibt, die die Kosten tragen, sogar für die Sekundarstufe. Viele Leute, die hier zur Schule gegangen sind, haben jetzt ein besseres Leben, das möchte ich auch.

Der clevere Hase

VON WAREN OMONDI

Es war in den Weihnachtsferien, als mein Bruder und ich mal wieder meine Großmutter besuchten. Wir kamen abends gegen 19 Uhr bei meiner Oma an. Wie immer, wenn wir bei ihr waren, erzählte sie uns Geschichten, während wir auf Steinen um ein kleines Feuer saßen:

»Vor langer Zeit lebte ein König, der eine sehr hübsche Tochter hatte. Sie hatte ein hübsches Gesicht und langes braunes Haar. Als sie alt genug war, um zu heiraten, lud der König nur die besten Interessenten in den Palast ein, um aus diesen einen passenden Prinzen auszusuchen. Früh am nächsten Morgen reihten sich die Auserwählten ein, um auf den König zu warten. Einige Minuten später kam der König mit einer Tasse heißem Wasser herein. Derjenige, der es trank, würde seine Tochter heiraten dürfen, verkündete er. Alle versuchten ihr Glück, scheiterten jedoch an dem viel zu heißen Wasser.

Als der Hase dies sah, kam ihm eine Idee. Er rief seine Familie an, zu der zehn Kinder gehörten. Er teilte dem König mit, dass er das heiße Wasser nur trinken würde, wenn seine Familie vorher prüfen könne, dass das Wasser nicht vergiftet sei. Der König willigte ein, und der Hase gab seiner Familie die Tasse mit dem heißen Wasser. Zu dem Zeitpunkt, als das Wasser wieder beim Hasen ankam, war dieses so weit abgekühlt, dass er es trinken konnte. Der König und die anderen Anwesenden waren erstaunt von der Tapferkeit des Hasen, und der König erklärte ihn zum Ehemann seiner Tochter. Es wurde eine riesige Hochzeit, es wurde gegessen, getrunken und viel gefeiert. Sie lebten glücklich zusammen und bekamen zwei Kinder.«

Abigael Jahenda

7. Klasse

MEINE GESCHICHTE

Mein Name ist Abigael Jahenda. Ich wurde am 12. August 2006 geboren und bin 13 Jahre alt. Ich bin ein Mädchen, und ich bin wunderschön so, wie ich bin. Ich komme aus einer Stadt, bekannt als Kapsabet in Nandi, doch um zur Schule zu gehen, bin ich nach Nairobi gezogen. Mein Lieblingsfach sind die Naturwissenschaften, weil ich sie am interessantesten finde und weil sie mir leichtfallen. Ich besuche die 7. Klasse des Bethlehem Community Centers. Mein größtes Hobby ist das Lesen. Ich liebe es einfach, in meiner Freizeit zu lesen. Ich habe fünf Geschwister: Monor, Jesse, Evnice, Mordecai und Faith. Ich liebe sie von ganzem Herzen.

MEIN LEBEN

Ich wollte schon als Kind wie Madam Teresa[= Mutter Teresa] sein. Ich will wie sie sein, weil sie ein gutes Herz hatte und immer bereit war, Menschen in Not zu helfen. Sie liebte auch die Kleinsten und hat ein Waisenhaus für Straßenkinder und Waisen erbaut. Sie war die Mutter für die Mutterlosen und die Hilfe für die Hilflosen. Ich würde gerne nach Kuba reisen. Der Hauptgrund, warum ich dorthin reisen möchte, ist der, dass ich mehr über den Beruf des Arztes erfahren möchte. Mein Leben ist vergleichbar mit dem Aufstieg des Kilimandscharos. Doch trotz alldem führe ich ein glückliches Leben zusammen mit meiner Familie. Wir halten zusammen,

Wir halten zusammen, komme, was wolle, in harten Zeiten wie in glücklichen Zeiten.

komme, was wolle, in harten Zeiten wie in glücklichen Zeiten. Wir beten füreinander und unterstützen uns, denn Gemeinschaft macht stark. Zusammen können wir alles schaffen, egal, was für Herausforderungen kommen mögen. Wir halten immer zusammen und geben niemals auf. Das Leben ist wie ein Gebirge, es geht rauf und runter.

Ich mag mein Heimatdorf hier in Nairobi, weil es ein cooler Ort ist und weil ich hier geboren wurde. Hier gibt es viele Kinder, und es ist einfach, neue Freundschaften zu knüpfen. Ich spiele gerne mit meinen Freunden.

MEINE ZUKUNFT

Ich wünsche mir ein Stipendium. Ich werde alles dafür geben, um an einer Universität studieren zu können. Um meinen größten Wunsch, eines Tages ein Arzt zu werden, erreichen zu können. Ich möchte Ärztin werden, um der Gesellschaft zu helfen. Es sterben viele Leute, weil es an ärztlicher Versorgung mangelt. Ich würde gerne ein großes Krankenhaus bauen, um all denen zu helfen, die sich keine Behandlungen leisten können. Ich werde hart für eine bessere Zukunft arbeiten. Ich bin ein fleißiges Mädchen und werde für eine gute Schulbildung arbeiten. Ich bin zwar nicht die schlaueste Schülerin, aber ich bin clever. Ich habe immer mein Ziel vor Augen und sehe mich in 10 Jahren an der Universität.

Die meiste Zeit meines Tages verbringe ich in einem Waisenheim und versorge die Kranken. Ich kämpfe tagtäglich für ihr Leben.

MEINE SCHULE

Ich arbeite hart daran, mein Ziel zu erreichen und eines Tages als Ärztin den Menschen zu helfen. Die Schule ist sehr wichtig, um dieses Ziel zu erreichen. Alles, was ich dafür tun muss, ist es, fleißig in der Schule zu sein und hart zu arbeiten. Die Schule gibt mir die Möglichkeit, das notwendige Wissen zu erarbeiten, um meine Ziele zu erreichen. In der Schule komme ich mit vielen Leuten aus unterschiedlichen Stämmen zusammen und lerne Neues über ihre Kulturen. Mein Leben ist wie das Erklimmen eines Berges: Man darf niemals aufgeben, denn mit einem starken Glauben wird man den Gipfel erreichen.

Kelvin Nderitu

8. Klasse

Mein Name ist Kelvin Nderitu, und ich bin 16 Jahre alt. Ich bin ein gut aussehender dunkelbrauner Junge. Im Bethlehem Community Center, wo ich lerne, lebe ich im Wohnheim, wo die Waisen und andere Kinder mit großen Problemen untergebracht sind. Unser Schulleiter Mr. Cyrus hat mich damals von der Straße geholt und mir Kleidung gegeben. Von diesem Tag an hat er mich unterrichtet. Ich habe in der 3. Klasse begonnen und besuche heute die 8. Klasse. Damals, als ich in der 3. Klasse war, hat mein Vater sich von meiner Mutter scheiden lassen, und ich lebte bei meiner Mutter.

Heute ist das Leben gut zu mir, und dies ist das letzte Jahr in dem wunderschönen und fürsorglichen Zuhause in Bethlehem. Wenn ich mit der Schule fertig bin, will ich Fußballer werden. Ich bin sehr talentiert im Fußball. Ich habe jemanden namens Ronaldo in Spanien Fußball spielen gesehen, und er verdient sehr viel Geld damit. Wenn Gott mir hilft, dies zu erreichen, dann will ich meinen Eltern unter die Arme greifen, auch wenn sie getrennt sind. Ich werde niemals vergessen, was die Bethlehem-Schule für mich und die anderen Schüler getan hat. Wenn ich einen Wunsch frei hätte, dann würde ich nach Spanien reisen, um mit den anderen Fußballern zu trainieren. In der Zukunft, die ich mir wünsche, hätte ich ein gutes Leben und die Möglichkeit, das Denken und Handeln vieler Menschen zu ändern. Ich würde ihnen raten, dass alles möglich ist und dass sie nicht die Hoffnung im Leben verlieren dürfen.

Meine Hoffnung ist, dass ich gut ausgebildet bin, um meine Ziele zu erreichen.

In Zukunft, wenn ich hart arbeite, trainiere und den Anweisungen folge, werde ich ein berühmter Fußballer, komme, was wolle. Meine Hoffnung ist, dass ich gut ausgebildet bin, um meine Ziele zu erreichen. In den nächsten 5 bis 10 Jahren sehe ich mich weltbekannte Spieler herausfordern. Alle werden über mich sprechen. Ich glaube, dass sich alles fügen wird. In der Schule trainiere ich, so viel ich kann, um auf die Zukunft vorbereitet zu sein. Mir wurde geraten, nicht nur selber zu trainieren, sondern auch anderen Schülern im Training zu helfen. Ich arbeite ebenfalls hart für meine Bildung, um die Aspekte auszugleichen. Ich kann auch gut zeichnen, doch ich will kein Künstler werden, auch wenn meine Verwandten es mir immer raten. Ich möchte aber kein Künstler werden, denn ich befürchte, dass die Jahre schnell vorbeiziehen und ich zu alt werde für meine eigentlichen Träume.

Die Geschichte vom Schweineschwänzchen

VON KELVIN NDERITU

Es war einmal vor langer Zeit, da lebten alle Tiere harmonisch miteinander im Wald, gemeinsam mit ihrem König, dem Löwen. Keines der Tiere hatte einen Schwanz. Eines Tages rief der Löwe alle Tiere zu einem Treffen zusammen. Als sie alle beisammen waren, sagte der König, dass am nächsten Tag jemand kommen und Schwänze verteilen würde. Sie alle sollten zeitig kommen, damit sie auch einen Schwanz abbekommen würden.

Am nächsten Tag standen alle Tiere früh auf und machten sich auf den Weg, um rechtzeitig da zu sein. Nur das Schwein blieb zurück. Es wollte die Essensreste verputzen, die die anderen Tiere übrig gelassen hatten. Es machte sich erst also auf den Weg, als alles aufgegessen war und es satt war. Die anderen Tiere hatten sich schon brav in einer Schlange aufgestellt, und das Schwein stellte sich ganz hinten an. Tiere wie der Löwe, die

Kuh, der Affe, die Katze, der Hund und die Hyäne bekamen die längsten Schwänze, da sie ganz vorne standen. Schaf, Elefant, Ziege und Nashorn bekamen kürzere Schwänze. Als das Schwein endlich an der Reihe war, waren alle Schwänze aus. Es sollte am kommenden Tag wiederkommen.

Als das Schwein am nächsten Tag wiederkam, war die Person, die die Schwänze verteilt hatte, nicht da. Da war das Schwein sehr traurig und machte sich frustriert auf den Heimweg. Da sah es am Wegesrand einen ganz kleinen Schwanz liegen. Das Schwein nahm das Schwänzchen und steckte es sich an. Darum haben Schweine bis heute so einen kleinen, geschwungenen Schwanz.

Als das Schwein bei den anderen Tieren ankam, lachten diese Tränen über das kleine Minischwänzchen. Das machte das Schwein sehr, sehr traurig. Es konnte den Spott nicht aushalten und verließ seine bisherigen Weggefährten. Es machte sich auf den Weg und fand die Menschen als neue Freunde.

Glaudencia Juma

6. Klasse

Mein Name ist Glaudencia Juma. Ich bin 12 Jahre alt. Ich bin ein Mädchen. Ich lebe in Tassia, hier in Nairobi. Ich lebe bei Mrs. und Mr. Ondieki. Ich besuche die 6. Klasse. Ich habe zwei Geschwister, Mary und Travis. Ich liebe sie sehr, denn sie sind meine einzigen Geschwister. Mary geht in die 1. Klasse und Travis geht in die 2. Klasse.

Ich besuche das Bethlehem Community Center in Soweto. Ich mag es, diese Schule zu besuchen, denn es ist eine gute Schule.
Ich mag Naturwissenschaften, denn es ist mein Lieblingsfach. Meine Lehrer mögen mich, denn ich bin sehr fleißig. Wenn du nicht hart arbeitest, erreichst du deine Ziele nicht. Ich bin im Gesundheitsclub, denn es bringt mir Dinge wie Hygiene und unsere Rechte als Kinder bei. Ich mag es zu singen und zu tanzen. Ich bin eine hart arbeitende Schülerin. Ich will hart dafür arbeiten, eines Tages Ärztin zu werden. Meine Lehrer sagen, wenn ich mich in der Schule nicht anstrenge, werde ich meine Ziele nicht erreichen. Ich liebe meine Freundin Tabitha, denn sie ist eine gute Freundin und wir mögen uns. In der Schule passen wir sehr gut auf. Mein Lieblingsessen ist Pizza und mein Lieblingsgetränk ist Brava[1]. Meine Mutter kommt aus Trans-Nzoia. Ich lebe aktuell bei meinen Eltern in Nairobi, aber meine Heimatstadt ist Trans-Nzoia. Ich mag diese Stadt wegen der Sachen, die dort wach-

Ich will hart dafür arbeiten, eines Tages Ärztin zu werden.

[1] Ein kohlensäurehaltiges Erfrischungsgetränk des kenianischen Softdrink Herstellers Brava Food Industries Ltd., welches in verschiedenen Geschmacksrichtungen angeboten wird.

sen. Dort wachsen Mais, Bohnen, Kartoffeln, Süßkartoffeln und Früchte wie Mangos, Orangen und Avocados.

Meine Haut ist braun, denn dies ist meine Hautfarbe. Ich bete gerne zu Gott, dass Gott mir eines Tages hilft, meine Schule erfolgreich zu beenden und nach Deutschland zu gehen.

Hier in Kenia essen wir Bohnen gemixt mit Mais als unser Hauptnahrungsmittel. Hier in unserem Land sprechen wir Kiswahili und daheim sprechen wir unsere Muttersprachen. Ich mag es sauber und achte sehr auf meine Hygiene, denn wenn du dreckig wirst, kann es sein, dass man an Krankheiten, wie beispielsweise Schistosomiasis, Cholera und Typhus, erkrankt. Wenn ich mit der Schule fertig bin, würde ich gerne eine Ärztin werden und Kranke behandeln. Ich werde den Bedürftigen und Kranken helfen.

Eines Tages, wenn ich mit der Schule fertig bin, werde ich nach Deutschland gehen, um eine Ärztin zu werden und Menschen zu behandeln. Ich werde die beste Ärztin der Welt werden.

Wenn eine Person über mich lacht, sage ich einfach danke und arbeite weiter. Mein Leben wird sehr schön, meinen Eltern wird es sehr gut gehen, und ich werde ihnen helfen, die Schulgebühren meiner Geschwister zu zahlen.

Die magische Lampe

VON DAVID NYARIKI

Dies ist die Geschichte eines Jungen, der eine magische Lampe fand. Sie bestand aus Metall und war dreckig. Der Junge entschied sich dazu, die Lampe zu reinigen. Und während er dies tat, kam plötzlich ein Vogel angeflogen und setzte sich neben ihn.

»Woher kommst du?«, fragte der Junge.

»Von weit her«, antwortete der Vogel. »Dies ist eine magische Lampe, und jedes Mal, wenn jemand sie reinigt, komme ich geflogen, um zu helfen. Was kann ich für dich tun?«

Der Junge antwortete, dass er gerne ein Vogel sei. Der Vogel zeigte dem Jungen, wie er seine Arme auf und ab bewegen muss, um loszufliegen. Er versuchte es, jedoch funktionierte es nicht, und er hatte schnell genug.

Der Vogel lachte. »Du brauchst Flügel, um zu fliegen. Da du keine hast, werde ich dich mit meinem Schnabel festhalten, und wir fliegen zusammen.«

Sie flogen höher und höher, über Flüsse und Seen. Sie kamen an Tieren und weiteren großen Vögeln vorbei, die noch höher flogen und laute Geräusche machten.

Sie sahen die Sonne als großen Feuerball am Himmel, und der Junge rief: »Wenn wir noch näher fliegen, verbrennen wir. Können wir aufhören zu fliegen?«

Sie flogen Richtung Erde, schneller und schneller. Der Junge schloss seine Augen, da er das Gefühl hatte zu fallen.

Als er seine Augen wieder öffnete, sah er, dass er noch immer im Schnabel des Vogels war, der auf dem Ast eines großen Baumes saß.

»Du hältst mich seit heute Morgen, bitte lass mich runter«, sagte der Junge.

»Ich habe ein paar Schlangen zum Fressen gesehen, ich bin sehr hungrig, du sicher auch«, sagte der Vogel.

Der Junge bot dem Vogel Brot an, welches in seiner Tasche war. Dieser flog davon, und der Junge beobachtete die Tiere unter ihm.

Nach einiger Zeit sahen beide einen Leoparden den Baum hinaufklettern. Er hatte eine tote Gazelle im Maul. Als er den Jungen sah, ließ er die Gazelle fallen. Der Junge versuchte, den Vogel dazu zu bringen, ihn wieder in seinen Schnabel zu nehmen, jedoch flog dieser ohne ihn weg. Der Leopard fraß den Jungen.

Magische Lampen sind nicht immer die besten Dinge, die man finden kann …

Vincent Wanjala Makhulo

6. Klasse

Mein Name ist Vincent Wanjala Makhulo, ich bin 12 Jahre alt und 1,10 Meter groß. Ich habe schokoladenfarbene Haut und bin in der 6. Klasse. Mein Haar ist schwarz und sehr lockig. Meine Schule heißt Bethlehem Community Center und befindet sich in Nairobi. Genauer gesagt, im Slum von Soweto, welches sich im Bezirk Embakasi befindet. Als ich klein war, lebte ich mit meinen beiden Eltern, Herrn und Frau Makhulo, in einem kleinen Dorf namens Mukwayo im Landkreis Busia. Aber als sich meine Mutter von meinem Vater trennte, wurde das Leben so hart, dass mein Vater im Jahr 2014 beschloss, mich zu meiner Tante in Nairobi zu bringen. Als ich dann dort war, wurde das Leben sehr schwierig, und meine Tante entschied sich im Jahr 2015, mich ins nächstgelegene Kinderheim zu bringen, das Kinderheim des Bethlehem Community Centers.

Im Kinderheim des Bethlehem Community Centers wurde mein Leben besser.

Und dort wurde das Leben dann besser. Wenn ich hier im Kinderheim aufwache, nehme ich normalerweise ein Bad, mit Wasser, das kalt wie Eis ist. Danach bin ich frisch wie ein Gänseblümchen. Nachdem ich ein Bad genommen habe, trage ich immer meine Schuluniform und gehe vom Schlafraum zur Klasse, wo ich immer meine Hausaufgaben mache oder überarbeite.

Nach den Hausaufgaben essen ich und meine Schulkameraden unser leckeres Frühstück. Und beim Mittagessen gibt es normalerweise Reis, Bohnen, Mais, Ugali[1], Fleisch, Gemüse oder viele

---

1 Ugali ist die in der ostafrikanischen Sprache Swahili verwendete Bezeichnung für einen Brei aus Maismehl, der zu relativ fester Konsistenz gekocht wird. Das Gericht ist auch in anderen Teilen Afrikas weit verbreitet.

andere Essenssorten. Aber in unserer Freizeit gucken wir normalerweise Fernsehen, damit wir über die Sachen Bescheid wissen, die in unserem Land passieren.

Ich lebe immer in Nairobi, aber wenn der November kommt, dann fahren meine Tante und ich zurück in die Heimat, und die heißt Busia. Unsere tägliche Arbeit im Landkreis Busia ist es, zur Farm zu gehen. Dort gibt es auch viel zu sehen, wie den Victoriasee, den Fluss Yala, Sio und sogar Hügel und große Wälder.

Ich habe auch zwei Geschwister, ihre Namen sind Aron und Noel:

»Mein Name ist Aron Paul. Ich bin in der 8. Klasse, und ich bin 15 Jahre alt. Ich werde mal Anwalt, und Vincent ist mein Bruder.«

»Mein Name ist Noel Anyango. Ich bin in der Oberstufe, ich bin 17 Jahre alt. Ich werde mal Arzt, und Vincent ist mein Bruder.«

Ich habe meine Geschwister ganz doll lieb.

Meine Stadt ist Nairobi City. Ich mag meine Stadt, einfach weil sie die Hauptstadt von Kenia ist. Ich mag Nairobi City, einfach weil das Wetter sehr heiß ist, aber manchmal ist das Wetter immer kalt. Es gibt viele Dinge in Nairobi, wie Flüsse, Hügel und vieles mehr.

In Zukunft will ich Priester werden, damit die Menschen, die Gott nicht kennen, Gott kennenlernen können und sich Jesus anvertrauen, damit sie erlöst werden können. Und das ist alles, was es über mein Leben zu sagen gibt.

Zwei Freunde

VON VINCENT MAKHULO

Zwei Freunde lebten in Afrika, vor langer, langer Zeit, der Elefant und das Nilpferd mit dem Namen Hippo. Sie waren Freunde, wohnten an einem Flussufer in der Nähe des Waldes. Sie fraßen Gras, tranken Wasser und verbrachten viel Zeit miteinander.

Die anderen Tiere hingegen hatten ziemliche Angst vor den zwei großen Freunden. Ja, sie befürchteten sogar, dass der Elefant und das Nilpferd vielleicht eines Tages ihre Herrscher sein könnten. Aus diesem Grund beschlossen die Tiere, ein geheimes Treffen abzuhalten, um sich in dieser Sache zu beraten und dann zu entscheiden, was sie dagegen tun konnten. Zunächst warteten sie, bis der Elefant und das Nilpferd fest eingeschlafen waren an ihrem Lieblingsplatz, am Flussufer. Danach versammelten sie sich in der Mitte des Waldes. Alle waren sehr aufgeregt.

Dann zwitscherte ein Vogel laut dazwischen, er hieß Bulba, und sagte: »Ich weiß, was zu tun ist und wie wir die zwei gefährlichen Freunde trennen.«

Alle Tiere wurden aufmerksam und hörten gespannt zu, stimmten seinem Plan schließlich zu und versprachen, von nun an alle zusammenzuarbeiten.

Der Plan: Bulba lauerte geduldig, bis sich Hippo, das Nilpferd, endlich einmal bewegte, seinen Platz am Flussufer verließ und langsam davonging von seinem Freund, dem Elefanten.

Bulba flog schnell zu ihm, setzte sich auf sein Ohr und flüsterte: »Hey, Hippo, alles klar so weit? Du, Hippo, gestern Abend, während du geschlafen hast, erzählte der Elefant den Tieren, dass er viel, viel stärker sei als du und dich in jedem Spiel besiegen könne.«

Oh! Darüber war Hippo aber sehr verärgert und schnaubte furchtbar durch seine große Nase. Er war stocksauer.

Dann flog Bulba hin zum Elefanten, um ihm das Gleiche mitzuteilen. Nur dieses Mal andersherum, und er tat so, als seien es Hippos Worte.

Nun war auch der Elefant aufgebracht, brummte laut und knirschte mit seinen Zähnen vor Wut.

Eines Tages ging das Nilpferd Hippo im Wald spazieren und traf sich mit den anderen Tieren.

»Hey, Hippo, sag, ist es wahr, was man sich erzählt? Aber wenn es zu einem Kampf kommt, Hippo, werden wir dich natürlich anfeuern.«

Alle Tiere waren sehr laut.

Der Elefant hingegen weilte gerade auf der anderen Seite des Waldes. Einige Tiere gingen zu ihm und sagten das Gleiche mit genau denselben Worten. Und so wurden Hippo und der Elefant immer wütender aufeinander.

An ihrem Lieblingsplatz am Flussufer wollte man nun eine Linie zwischen den beiden ziehen. Jeder von beiden sollte das Ende eines langen Seils bekommen, um zu messen, wer von beiden der Stärkere war, wenn beide am Seil zogen. Wer auch immer beim ersten Versuch die Linie berühren und überqueren würde, sollte der Verlierer sein.

Und so geschah es. Der Tag für den Kampf war gekommen. Die Tiere versammelten sich am Flussufer. Alle waren da.

Nach einem langen, erbitterten Kampf zog der Elefant plötzlich das Nilpferd mit einem kräftigen Ruck über die Linie. Und so hatte der Elefant am Ende gewonnen und Hippo, das Nilpferd, besiegt.

Hippo wurde von den Tieren auf die andere Seite des Flusses geschickt. Sie verbannten ihn für immer aus dem Wald. Hippo ging ins Wasser und kam nicht mehr heraus. Man erzählte sich, dass er nur in der Nacht ans Ufer kam, heimlich, während alle anderen Tiere schliefen, um zu fressen.

Der Elefant und das Nilpferd waren getrennt, und es kehrte wieder Ruhe ein. Alle Tiere lebten wieder glücklich und zufrieden miteinander. Und Bulba, der Vogel, wurde von allen Tieren auserwählt, um von jetzt an über sie zu herrschen.

Liz Nafula

7. Klasse

Mein Name ist Liz Nafula. Ich wurde am 12. Mai 2007 geboren und bin 12 Jahre alt. Ich komme aus einem Dorf im westlichen Teil von Kenia, genauer aus Stabicha in der Region Bungoma. Jetzt lebe ich in Nairobi, der Hauptstadt Kenias, in Embakasi. Ich bin nicht so gut in der Schule, aber ich bin clever. Vielleicht werde ich mal die beste Schülerin. Ich helfe gerne meinen Freunden, wenn sie meine Hilfe brauchen. Mein Lieblingsfach in der Schule sind die Naturwissenschaften. Nächstes Jahr bin ich in der 8. Klasse. Meine Hobbys sind singen und tanzen. Auch wenn ich nicht gut tanzen kann, singen kann ich dafür umso besser. Ich habe zwei Geschwister. Einer ist ein Junge, er ist der Erstgeborene. Ich bin die Zweitgeborene, und meine Schwester ist die Jüngste. Meine Mutter bekommt ein weiteres Kind in diesem Jahr.

MEIN LEBEN

Ich wünschte, ich wäre wie Dorcas[1], sie hat vielen Menschen geholfen und sich um sie gekümmert. Sie hat ihnen Kleidung gegeben, als sie keine hatten, und sie gab ihnen Essen, als sie hungrig waren. Mein Leben ist wie das Erklimmen des Kilimandscharos. Ich begegne vielen Herausforderungen und meistere sie. Manchmal wache ich morgens auf, und ich weiß, dass dieser Tag gut wird. Ich mag meine Heimatstadt, denn hier gibt es viele schöne Bäume und Blumen, die süß riechen. Meine Eltern besitzen einen Laden

---

[1] Dorcas Gichamba ist eine kenianische Rechtsanwältin des Obersten Gerichtshofs in Kenia und zertifizierte Wirtschaftsprüferin mit großem sozialem Engagement.

und verkaufen Sachen. Die Bewohner meiner Stadt sind hart arbeitende Leute.

MEINE ZUKUNFT

Wenn ich einen Wunsch frei hätte, dann wäre es der, eine Doktorin zu sein und später eine Professorin. Ich wäre eine hart arbeitende Person, die ihren Job liebt. Ich werde es mögen, Ärztin zu sein, denn es sterben viel zu viele Menschen an Krankheiten, und ich könnte sie heilen. Ich will ihnen zu einer guten Gesundheit verhelfen. Einige von ihnen haben Probleme mit ihren Familien, ich wäre ihre Hilfestellung. Ich will auch die tödliche Krankheit Krebs auslöschen, die unsere Leute tötet. Ich wünsche mir eine glückliche Familie und einen liebevollen Ehemann.

Ich will die tödliche Krankheit Krebs auslöschen, die unsere Leute tötet.

Meine Familie würde sich glücklich schätzen, wenn mir jemand helfen könnte, meine Schulgebühren zu zahlen. In 5 Jahren werde ich meinen Masterabschluss machen. In meiner Zukunft werde ich alles daransetzen, anderen Leuten zu helfen und tödliche Krankheiten zu heilen.

MEINE SCHULE

In der Schule habe ich es geschafft, über 300 Punkte zu erreichen. Mit der Hilfe meiner Lehrer und meiner Eltern werde ich 400 schaffen. Ich kann eine gute und fürsorgliche Ärztin werden. Die Schule bedeutet mir viel. Meiner Meinung nach ist die Schule für jeden da, der lernen will. Die Schule ist ein Ort, zu dem die Kinder kommen, um ihre Fähigkeiten auszubauen und sich selbst besser kennenzulernen. Mit dem Wissen können sie in Zukunft bessere Menschen sein.

Die Lehrer sind die Menschen, die dir helfen, neues Wissen zu erlangen. Du gehst zur Schule, um neues Wissen zu erlangen, Tischmanieren zu lernen und zu lernen, wie man sich kleidet und spricht. In der Schule kannst du entweder durchfallen oder bestehen, aber dies ist deine Entscheidung. Dieses Schulleben ist normal für mich. Die Lehrer sind sehr nett zu den Schülern, doch wenn die Schüler etwas Unrechtes tun, werden sie bestraft. Jeden Morgen, wenn ich aufwache, weiß ich, was ich tun werde: Ich werde alles tun, um erfolgreich zu sein. Und ich hoffe, eines Tages werde ich es schaffen. Egal, ob die Sonne hell scheint oder ob es dunkel ist, werde ich hart arbeiten, um jemand im Leben zu sein.

Mein Traumjob ist es, Ärztin zu sein. Ich werde in den USA studieren und in Kenia arbeiten. Ich werde dort hinkommen mit einem Flugzeug, auch wenn ich noch nie eins gesehen habe. Doch eines Tages werde ich ein Ticket haben. In meinem beruflichen Alltag werde ich viele medizinische Notfälle behandeln, und ich werde erfolgreich sein.

Das Tier mit den hundertundeins Schwänzen

VON LIZ NAFULA

Es war einmal ein König, der wollte, dass seine Tochter heiratete. Er erzählte allen geeigneten Männern im Dorf, dass, wer auch immer ihm das Tier mit den hundertundeins Schwänzen bringen könne, seine Tochter heiraten dürfte.

Alle Männer im Dorf rannten in die Wildnis, um das Tier mit den hundertundeins Schwänzen zu jagen. Unter ihnen war ein sehr armer Mann, der aber ein sehr guter Jäger war, und alle Tiere in der Wildnis kannten ihn.

Der arme Mann entschied, loszugehen und sich auf die Spitze eines Felsens zu legen, um so zu tun, als sei er tot. Ein paar Tiere sahen den Körper und dachten, der arme Mann sei tot.

Sie fingen an, sich selbst zu fragen: »Warum liegt ein Jäger auf der Spitze eines Felsens?«

Ein Tier meinte, der Mann sei tot.

Die Tiere rannten durch die Wildnis und riefen die anderen Tiere, mitzukommen, um ihn zu sehen. Alle Tiere kamen und schauten auf den Körper des berühmten Jägers. Sie stupsten den Körper an, aber er bewegte sich nicht. In dem Glauben, der berühmte Jäger sei tot, beschlossen sie, den König der Tiere herbeizurufen.

Der Tierkönig war das Tier mit hundertundeins Schwänzen, und als sie ihm von dem Tod des berühmten Jägers erzählten, entschied er, sich das mit eigenen Augen anzusehen. Er hatte große Bedenken, weil er Angst vor dem Jäger hatte.

»Aber ich bin der König«, dachte er, er würde sich nicht hereinlegen lassen.

Als der König ankam, brachten ihm die anderen Tiere voller Respekt einen Stuhl, und der König setzte sich vor den Körper.

Sobald der Jäger hörte, dass das Tier mit den hundertundeins Schwänzen vor ihm saß, griff er nach seiner Pistole und sprang auf seine Füße.

Alle Tiere rannten davon und ließen den König auf sich alleine gestellt. Der Tierkönig flehte den Jäger an, ihn nicht zu töten. Der Jäger sagte, er würde ihn am Leben lassen, wenn er ihn zurück zum Palast begleite.

Als sie im Palast ankamen, war der König sehr fröhlich und gab dem armen Mann die Hand seiner Tochter zur Heirat und die Hälfte seines Königreiches. Der arme Mann wurde reich und lebte ein schönes Leben mit seinen drei Kindern. Fortan waren sie eine glückliche Familie.

Laura Wefuma

5. Klasse

Mein Name ist Laura Wefuma Rosemary. Ich bin 11 Jahre alt. Ich bin in der 5. Klasse. Ich gehe ins Bethlehem Community Center, welches in Embakasi ist. Ich bin von Kitale hergezogen, lebe aber nun in Nairobi. Wenn ich groß bin, möchte ich gerne Lehrerin werden, denn ich möchte den Kindern Zugang zu Bildung verschaffen. Ich habe zwei Geschwister. Das erste Geschwisterchen heißt Purity Naliaka, und mein zweites Geschwisterchen heißt Millton Wanyonyi. Ich liebe meine Geschwister, denn sie leiten mich im Leben, und wenn ich etwas falsch mache, korrigieren sie mich.

Ich würde gerne einmal nach Deutschland reisen, denn es scheint ein sehr schönes Land zu sein, in dem ich noch niemals war. Dann wüsste ich, wie es dort aussieht. Am liebsten würde ich Deutschland besuchen, indem ich ein Flugzeug benutze. Wenn ich dort bin, würde ich gerne ein paar Wochen bleiben, zwei oder vielleicht drei.

Mein tägliches Leben hier ist ziemlich in Ordnung und gut. Nichtsdestotrotz musste ich mich in der letzten Zeit einigen Herausforderungen stellen. Vor diesen Herausforderungen ging es mir wirklich sehr gut. Ich fühlte mich geradezu wie eine Königin in einem Palast, die ein gutes Leben lebte.

Mein großer Wunsch ist es, einmal in meinem Leben reich zu sein, um den armen Menschen und den Waisen zu helfen.

Meine Heimatstadt heißt Nairobi. Ich liebe meine Heimatstadt, denn es gibt viele Schulen und viele Schüler, die dort eine gute Bildung bekommen. Meine Heimatstadt ist sehr groß, ein Platz mit kaltem Wasser. Viele andere Leute ziehen auch hierher, denn es ist eine sehr schöne Stadt mit vielen wunderschönen Gebäuden, schönen Plätzen und tollen Leuten, die dort ihr Leben genießen und schon sehr lange dort wohnen.

Mein großer Wunsch ist es, einmal in meinem Leben reich zu sein. Reich zu sein, um den armen Menschen und den Waisen zu helfen, die keine Eltern mehr haben. Und ich möchte den Verwitweten helfen, die ganz allein sind, ohne etwas zu tun oder zu essen. Dann wären sie nicht länger allein und könnten ein gutes Leben leben. Ich könnte selbst die Waisen glücklich machen, sodass sie sich nicht andauernd sorgen müssten.

Wenn ich mir meine Zukunft vorstelle, habe ich ein tolles Auto, ein schönes Haus und lebe ein gutes Leben ohne jegliche Herausforderungen, die nicht gut sind. Ich hoffe, dass ich eine liebevolle Person werde, die die Menschen mögen, und dass ich immer den Menschen helfe, die meine Hilfe brauchen, zum Beispiel denen, die nichts zu essen haben. Ich wünsche mir, dass Jesus meine Wünsche hört.

In 5 oder 10 Jahren wünsche ich mir dieses Leben, und ich wünsche mir, dass Jesus mir ein Leben gibt, in dem ich immer das Richtige tue und an ihn glaube, an Jesus, den Sohn von Gott. Von jetzt an werde ich an den einzigen Herrn, den Sohn Gottes und das Licht der Welt, glauben. In der Schule werde ich die Lehrer respektieren, zu Hause meine Eltern und natürlich auch andere Ältere. Ich hoffe, ich werde einmal schöne Sachen für meine Eltern kaufen können, wenn ich groß bin. Ich würde ihnen ein gutes Auto kaufen und auch ein wunderschönes Haus.

Das Beste in der Schule sind die Lehrer, die uns gutes Benehmen beibringen. Wir respektieren sie und hören auf sie, sodass wir kein schlechtes Benehmen an den Tag legen, sondern ihren Anweisungen jeden Tag folgen.

In der Schule treffe ich immer gute Freunde, und wir spielen zusammen. Wir teilen alles und erzählen uns Geschichten, lernen zusammen und helfen uns gegenseitig. In der Schule bringen wir uns auch gegenseitig gute Manieren bei, um die Lehrer und Ältere zu respektieren.

Ein anderer Traumjob von mir ist es, Ärztin zu werden. Ich könnte Leuten helfen, die krank sind, und ihnen wieder zu einem besseren Leben verhelfen, das Gott ihnen gegeben hat. Wenn ich sie behandeln könnte, könnte jeder ein gesundes und glückliches Leben haben. Schon jetzt helfe ich in der Schule anderen Schülern, die krank sind und die mit ihren Eltern ins Krankenhaus müssen.

Kenneth Nding'uri

6. Klasse

Mein Name ist Kenneth Nding'uri, und ich bin 12 Jahre alt. Ich bin braun, knapp 1 Meter groß und dünn wie eine Nadel. Ich wurde am 3. April 2007 geboren.

Ich besuche, seitdem ich ein Baby bin, das Bethlehem Community Center. Meine Schule befindet sich in Nairobi im Gebiet Embakasi in der Region Kayole. Ich lebe bei Mr. und Mrs. Mbuthiah, sie sind die einzigen richtigen und liebevollen Eltern, die sich um mich und meine großen Brüder kümmern, die beide ins Internat gehen, welches mehr als 2.000 € kostet.

Von meiner Heimatstadt gibt es viel zu erzählen. Dort gibt es Früchte, Bäume, frische Luft und viel Wolle, aus der Schuhe, Kleidung und sogar Jacken und Decken gemacht werden. In meiner Heimatstadt essen wir Mais gemixt mit Bohnen, das macht uns stark.

Ich möchte wie mein Bruder Elisha Kimani Mbuthiah-he werden. Er ist ein hart arbeitender Student am College of Nibs. Das

College wird im Fernsehen von einer gewissen Frau aus einem Büro mit einem Laptop vertreten.

Sollte ich eines Tages die Chance haben, irgendwo hinzufahren, würde ich nach Indien gehen.

In meinem Leben wünsche ich mir, gute Noten zu kriegen und einen guten Job, sodass ich meinen Eltern danken kann, was sie für mich getan haben.

Sollte ich eines Tages die Chance haben, irgendwo hinzufahren, dann würde ich nach Indien gehen. Dort würde ich meine Bollywood-Helden finden und mir ihre Autogramme holen.

Meine Lieblingslehrerin ist Margaret, die uns englische Grammatik beibringt. Margaret bringt uns bei, wie wir Aufsätze und Briefe schreiben über meinen Freund, meine Haustiere, mein Hobby und noch ganz viel mehr.

Mein Hobby ist das Singen, ich singe gerne Gospellieder eines Künstlers namens Bahati. Er hat viele Lieder geschrieben, so viele, dass ich sie nicht mal alle zählen kann. Seine Lieder sind für Gott im Himmel.

Ich bin Christ und glaube, dass Gott existiert. Ich liebe Gott aus vollem Herzen und mit ganzer Seele. Er schickte uns seinen einzigen Sohn, und wir glauben an ihn.

Wenn ich in Schwierigkeiten bin, dann bete ich und bekomme Hilfe. Manchmal bin ich spät dran für die Schule und ich entschuldige mich. Manchmal fühle ich mich durch die Pubertät seltsam und vergesse es einfach.

Der Tod in den vergangenen Tagen

VON KENNETH NDING'URI

Vor langer Zeit hat Tod etwas anderes bedeutet als heute. Menschen starben nicht für immer. Wenn jemand gestorben war, wurde er für eine Weile beerdigt, und Jahre später sprachen die Familienmitglieder ein paar besondere Worte aus, um die Verstorbenen wieder zum Leben zu erwecken.

Es war eine einfache Zeremonie. Jemand trat an das Grab heran, klopfte mit einem Stößel und sagte: »Nur der Mond geht für immer, aber der Mensch erwacht wieder.« Anschließend standen die Toten wieder auf. Der Tod wurde nicht gefürchtet.

In einem fernen Land lebte ein König, welcher zwei Ehefrauen und drei Töchter hatte. Die erste Ehefrau hatte zwei faule Töchter, und die zweite Ehefrau hatte eine Tochter. Eines Tages starb die erste Ehefrau, und ihre zwei Töchter beklagten sich nicht, denn sie wussten, dass ihre Mutter wieder zurückkehren würde. Die zweite Frau ging zu ihrem Grab. Sie schlug zweimal auf den Boden und sagte: »Menschen sterben für immer, der Mond aber erwacht wieder.«

Der König war sehr verärgert darüber, was seine zweite Frau getan hatte. Er nahm den Stößel, lief zurück zu dem Grab und sagte: »Nur der Mond geht für immer, aber der Mensch erwacht wieder.« Doch nichts geschah. Er versuchte es wieder und wieder, aber alles war vergeblich. Von diesem Tag an kehrt niemand, der stirbt, zum Leben zurück, solange der Mond jeden Tag kommt und geht.

Brender Kerubo

7. Klasse

Mein Name ist Brender Kerubo. Ich wurde 2006 geboren und bin 13 Jahre alt. Ich komme aus einer Stadt, bekannt als Marani in Kisii, lebe aber jetzt in Nairobi, wo ich im Bethlehem Community Center die 7. Klasse besuche. Mein Lieblingsfach sind die Naturwissenschaften, weil ich dort einfach mehr über Erste Hilfe und Hygiene lerne. Ich bin zwar nicht die schlaueste Schülerin, doch ich bin dennoch clever. So habe ich es auch geschafft, an Platz 3 unserer Klasse zu stehen. Ich arbeite jeden Tag sehr hart, um meine Ziele zu erreichen. Mein Hobby ist das Singen, denn so kann ich mein Talent zeigen. Ich lese gerne die Geschichten in der Bibel, denn sie geben mir Halt. Ich habe drei Geschwister, eine Schwester und zwei Brüder, die mich sehr lieben.

LEBEN

Seit ich klein bin, wünsche ich mir, nur einen Tag lang Bildungsministerin oder George Magoha[1] zu sein. Ich würde mich dafür einsetzen, dass Bildung für alle umsonst ist und dass Kinder finanziell unterstützt werden, um Schulgebühren zahlen, Textbücher und Uniformen anschaffen zu können. Ich träume davon, in Indien mehr über die Versorgung von Patienten zu lernen. Mit diesem Wissen würde ich Patienten in Kenia versorgen und heilen. Ich habe immer sehr viel Spaß, denn ich besuche die Waisenkinder und stehe ihnen zur Seite, um ihnen Hoffnung zu geben und in

---

1 Professor George Albert Omore Magoha ist ein kenianischer Chirurg. Er gehört zum Cabinet of the Republic of Kenya, welches dem Präsidenten von Kenia beratend zur Seite steht.

Gott zu vertrauen. Ich mag den Frieden in meiner Heimatstadt und die Entwicklung. Vor allem der Straßen. Durch die Verbesserung der Straßen können wir alles besser transportieren.

ZUKUNFT

Ich wünsche mir, dass mich eine gottesfürchtige Person sponsert, die den Bedürftigen hilft, sodass ich meinen Abschluss machen und mein eigenes Waisenhaus mit einer eigenen Schule und einem Krankenhaus bauen kann. So kann ich alle Straßenkinder aus allen Ecken Kenias in meinem Waisenhaus unterbringen. Ich werde sie unterrichten und ihnen kostenlose medizinische Versorgung ermöglichen. Ich glaube fest an eine bessere Zukunft, denn ich bin eine fleißige Schülerin. Deswegen werde ich auch immer gute Noten schreiben. Ich will eine Chemieingenieurin werden, die naturwissenschaftliche und mathematische Prinzipien anwendet, um Probleme zu lösen, die die Produktion von Treibstoffen, Medikamenten, Nahrungsmitteln und Chemikalien betrifft. In 10 Jahren will ich in einem Labor arbeiten, um Abläufe in der Industrie und in Raffinerien zu koordinieren. In meinem zukünftigen Leben werde ich eine fleißige Biene sein, denn ich werde die meiste Zeit damit verbringen, Prozesse und Equipment für Testproduktionen zu designen sowie die Behandlung von Abfallprodukten direkt am Werk.

SCHULE

Das Tollste, was ich bis jetzt in der Schule gemacht habe, war das Anlegen eines eigenen Fischteiches. In diesen Teich habe ich einige Fische gesetzt, und heute leben ganz viele Fische in diesem Teich. Die Schule bedeutet mir viel, denn nur so kann ich Chemieingenieurin werden. Was ich am meisten an der Schule mag, sind das Wissen und die Disziplin, die uns die Lehrer vermitteln. Am liebsten baue ich in der Schule Modelle und gebe Nachhilfe. Das Schulleben ist toll, denn hier lernen wir Selbstbewusstsein und uns nicht dem Gruppenzwang zu beugen. Mein Traum ist es, Gerechtigkeit für junge Mädchen zu erkämpfen, die Opfer einer Vergewaltigung geworden sind und daraufhin früh schwanger wurden oder sich mit Krankheiten angesteckt haben. Ich würde auch gerne eine Anwältin werden, um die Rechte von Kindern vor den Leuten zu schützen, die sie ihnen verwehren. Nach meinem Universitätsabschluss würde ich gerne in einer Anwaltskanzlei für die Regierung arbeiten. Ich kann mir vorstellen, dass mein zukünftiger Arbeitsalltag stressig werden wird, denn ich werde mehr als 40 Stunden in der Woche arbeiten.

Mein Traum ist es, Gerechtigkeit für junge Mädchen zu erkämpfen, die Opfer einer Vergewaltigung geworden sind.

Omwami und die hübsche Frau

VON BRENDER KERUBO

Es war einmal ein Mann namens Omwami, der Jäger war. Eines Tages ging er zum Jagen mit seinen vier Hunden in den Wald. Am Nachmittag zogen Wolken auf und ein schwerer Sturm kam auf. Omwami schaute sich nach einem Unterschlupf um, aber es waren weit und breit keine Häuser oder Hütten zu sehen.

Dann sah er in weiter Ferne eine Hütte, aus deren Schornstein Rauch aufstieg. Er rannte, so schnell er konnte, zu der Hütte, um sich vor dem starken Regen zu retten. In der Hütte lebte eine hübsche Frau mit langen Haaren. Sie hieß ihn in ihrer Hütte willkommen und bereitete ihm ein leckeres Essen zu.

Als der schreckliche Regen vorübergezogen war, wollte Omwami gehen. Doch die Frau wollte ihn nicht gehen lassen. Sie sagte ihm, dass er nicht gehen könne, weil es draußen dunkel würde und er allein nicht sicher sei.

Sie sagte: »Bleib die Nacht hier.«

Omwami wollte ablehnen, aber seine Bemühungen waren nicht erfolgreich, denn die Frau wollte ihn einfach nicht gehen lassen. Omwami sagte der Frau, dass es draußen für seine Hunde nicht sicher sei, also brachte er sie ins Haus. Er schlief auf dem Teppich, und seine Hunde schliefen um ihn herum, zwei lagen bei seinen Armen und zwei an seinen Beinen.

Mitten in der Nacht verwandelte sich die Frau in einen großen Gorilla und versuchte, Omwami an den Armen zu greifen. Aber die Hunde neben seinen Armen bellten so laut, dass Omwami erwachte, selbst Tote wären von dem Gebell erwacht.

Omwami wachte auf und fragte: »Was ist passiert?«

Aber der Gorilla hatte sich zurück in die Frau verwandelt.

»Nichts ist passiert, schlaf weiter«, sagte die Frau.

Als Omwami wieder eingeschlafen war, verwandelte die Frau sich wieder in den Gorilla und versuchte, ihn an den Beinen zu greifen, aber die beiden Hunde, die an seinen Beinen schliefen, fingen laut an zu bellen. Omwami wachte auf, aber der Gorilla hatte sich wieder in die Frau zurückverwandelt.

In der Morgendämmerung wachte Omwami früh auf. Er packte seinen Speer, seine Netze und seine Axt zusammen und sagte seinen vier Hunden, sie sollten so schnell wie Geparde hinter ihm herrennen, und rannte los. Seine Hunde rannten ihm hinterher.

Als sie weg waren, wachte die Frau auf und verwandelte sich wieder in einen Gorilla. Der Gorilla lief Omwami und seinen Hunden schnell wie der Blitz hinterher. Doch im Nullkommanichts kehrte der Gorilla zu seiner Hütte zurück, weil er sehr müde wurde.

Omwami kam sicher nach Hause und versprach sich selbst, nie mehr unnötig in ein fremdes Haus zu gehen.

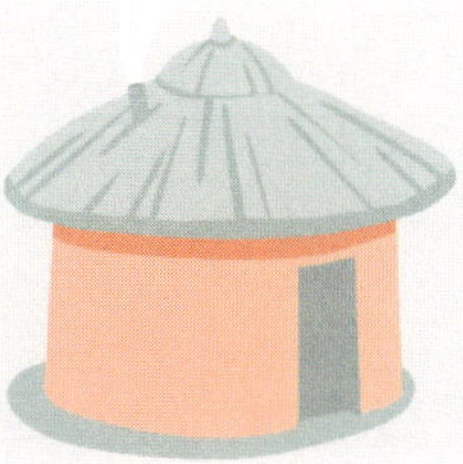

Amos Osoro

6. Klasse

Mein Name ist Amos Osoro Onwong'a, und ich bin 11 Jahre alt. Ich besuche die 6. Klasse des Bethlehem Community Centers in Soweto, und ich liebe meine Schule. Ich wurde am 28. Februar 2008 als jüngstes von drei Kindern geboren. Meine beiden Geschwister heißen Debora Gresare and Dinah Kerubo. Zusammen leben wir bei unseren Eltern, Mr. und Mrs. Onwong'a. Ich liebe meine Familie über alles.

Mein Vater arbeitet als Mechaniker, und meine Mutter hat leider keine Arbeit. Debora studiert an der Universität, und Dinah besucht die weiterführende Schule. Nach der 8. Klasse würde ich gerne die Alliance Boys High School besuchen, um nach meinem Abschluss im Ausland studieren zu können. Eines Tages möchte ich dann Ingenieur werden.

Ich liebe meine Stadt, denn sie lehrt mich, wie wichtig Gemeinschaft ist, um im Slum zu überleben.

Ich lebe in einem Slum namens Soweto in Embakasi, Nairobi. In Soweto sind unsere Häuser überfüllt. Einige sind aus Stein gebaut und stabil, andere aus Wellblech und irgendwie nicht so stabil. Ich liebe meine Stadt, denn sie lehrt mich, wie hart das Leben sein kann und wie wichtig Gemeinschaft ist, um im Slum zu überleben. Sie motiviert mich, fleißig zu sein und für eine bessere Zukunft zu arbeiten, um anderen, wie all den armen Waisen und Witwen, zu helfen. Ich habe auch Freunde, ihre Namen sind David Nyariki, Richard Mwangi und Dennis Ajubwa. Wir arbeiten hart für die Prüfungen, denn wir wünschen uns eine bessere Zukunft.

Ich lebe zwar in Nairobi, doch meine Heimatstadt ist Nyamira. In Nyamira gibt es einen großen Markt, auf den Leute aus allen möglichen Regionen kommen, um dort einzukaufen. Ich habe Cousins, Onkel und Tanten. Meine Cousins heißen Mitchel Kwamboka, Ivy Makaya und Jeiden Osoro. Ich liebe meine Verwandten, denn sie sind Teil meiner Familie.

Meine Hautfarbe ist braun, und ich bin groß. Meine Augen sind weder groß noch klein, sie sind eher normal. Normalerweise bekomme ich jeden Morgen mein Frühstück und auch Mittagessen. Sogar das Abendessen bekomme ich jeden Tag.

Jeriahn Moriasi

5. Klasse

Mein Name ist Jeriahn Moriasi, und ich bin 10 Jahre alt. Ich besuche das Bethlehem Community Center. Ich komme aus Kisii, aber jetzt lebe ich in Nairobi. Ich will eines Tages Anwältin werden, so wie meine Tante. Ich werde Fälle in Gerichten in anderen Ländern lösen, so wie in Deutschland. Ich will in Deutschland studieren, denn die Leute dort sind sehr fleißig. Mein Onkel plant gerade eine Reise nach Deutschland. Die Leute dort sind so nett und lieben sich gegenseitig aufrichtig.

Ich will wie meine Tante sein, weil ich sehe, dass sie viel Geld verdient und den Leuten hilft, ihre Fälle zu lösen. Ich will es ihr in Deutschland gleichtun. Sie kann mir mehr darüber beibringen und mir helfen, eine gute Anwältin zu werden.

Mein Leben ist okay, und ich liebe mein Leben, weil meine Eltern hart für meine Schulgebühren arbeiten und sich gut um mich kümmern. Ich liebe meine Eltern so sehr. Mein Leben ist okay.

Meine Heimat ist Kisii. Ich liebe diesen Ort, weil es dort sauber ist und wenn jemand erntet, teilt er es mit den anderen. Sie lieben einander und den Frieden. Sie respektieren die Älteren. Jeder lebt in schön dekorierten Gebäuden. Es ist ein großartiger Ort. Wenn man dort ist, sieht man viele Gärten. Manchmal ist das Wetter heiß, kalt oder regnerisch. Dort gibt es keinen Hunger. Wenn du hungrig bist, kannst du runter zum Fluss gehen und einen Fisch fangen, ihn kochen und essen. Wenn dir zu heiß ist, kannst du auch zum Fluss gehen und schwimmen.

Ich habe den Wunsch, der reichste Mensch zu werden, um Leuten in Not zu helfen. Ich denke, ich bin in 5 oder 10 Jahren in der weiterführenden Schule. Meine Zukunft ist vielversprechend. Das Beste, was ich erreichen kann, ist, möglichst viele Dinge zu lernen, die ich vorher nicht wusste, sodass ich meine Ziele erreiche. Ich liebe das Lernen. Die Schule motiviert mich, hart zu arbeiten, um meine Ziele zu erreichen. Die Schule ist der Ort, an dem du dein zukünftiges Leben besser machst. In der Schule haben wir eine Bibliothek, wo wir normalerweise hingehen, um Bücher zu lesen.

Die Schule ist der Ort, an dem du dein zukünftiges Leben besser machst.

In der Schule ist das Leben sehr interessant, denn dort sind viele Schüler, die Sachen zusammen machen und gemeinsam spielen. Mein Traum ist es, eine gute Anwältin zu werden und der Welt zu dienen. Ich würde gerne Gerechtigkeit zu den Familien bringen, die ihre Leute im Krieg verloren haben. Ich würde gerne in Karen [Villenviertel in Nairobi] arbeiten. Ich stelle mir meinen zukünftigen Alltag schön vor. Ich bete zu Gott, dass ich eine sehr gute Anwältin werde. Ich werde vielen Leuten helfen, Gott zu dienen. Ich werde auch viele Fälle im Gericht lösen.

Ich weiß, wann ich meine Schule beende. Ich weiß, ich werde ein sehr großes Unternehmen haben, und ich werde die Bedürftigen von der Straße holen, sodass ich ihnen viele Sachen beibringen kann, wie beispielsweise, was ein Mädchen macht und dass auch Jungs auf sie aufpassen können. Ich werde sie ermutigen, sich gegenseitig zu helfen. Ich hoffe, ich kann vieles in der Welt bewegen. Ich kann viele hart arbeitende Kinder sponsern, und die ganze Welt wird wissen, was für ein liebender und fürsorglicher Mensch ich bin. Ich mag es nicht, Menschen in Not zu sehen, denen nicht geholfen wird. Ich liebe es, glückliche Menschen zu sehen, die in Frieden leben.

Ich liebe es, glückliche Menschen zu sehen, die in Frieden leben.

Ich werde Kinder in Schulen besuchen, um ihnen zu sagen, dass sie hart arbeiten müssen, um ihre Ziele zu erreichen. Ohne die Schule und harte Arbeit wirst du deine Ziele nicht erreichen können. Auch wenn es dir schwerfällt, gib niemals auf und arbeite weiter. Eine Sache, die meine Lehrer mir beigebracht haben, die ich nicht vergessen kann, ist die, dass Schule der Schlüssel zum Leben ist. Hier bekommst du das Wissen.

Die Witwe und ihr Sohn

VON JERIAHN MORIASI

Es war einmal ein Junge namens Rodah (was Rose bedeutet), der bei seiner Mutter lebte. Er war ein sehr guter Jäger. In der Umgebung lebte ein Monster, das gewöhnlich Menschen fraß. Eines Tages ging der Junge in den Busch, um einige Tiere zu jagen und Essen nach Hause zu bringen. Er ließ seine Mutter alleine zu Hause.

Während der Junge weg war, kam das Monster zu ihrem Haus und wollte seine Mutter fressen.

Da fing die Mutter an zu singen:

»Rodah, Rodah, Rodah, das Monster ist da, um mich zu fressen.

Rodah, Rodah, Rodah, das Monster ist da, um mich zu fressen.

Rodah, mein einziger Sohn, warum hast du mich zu Hause alleine gelassen?

Warum hast du mich zu Hause alleine gelassen?«

Rodah hörte die Singerei seiner Mutter und rannte nach Hause. Als das Monster den Jungen sah, rannte es weg.

Am nächsten Tag tat Rodah so, als würde er zum Jagen gehen, versteckte sich aber stattdessen in einem der Büsche nahe seines Hauses. Das Monster kam zurück zu Rodahs Haus und öffnete die Tür.

Als Rodahs Mutter das Monster sah, begann sie erneut zu singen:

»Rodah, Rodah, Rodah, das Monster ist da, um mich zu fressen.

Rodah, Rodah, Rodah, das Monster ist da, um mich zu fressen.

Rodah, mein einziger Sohn, warum hast du mich zu Hause alleine gelassen?

Warum hast du mich zu Hause alleine gelassen?«

Rodah sah, dass das Monster wieder da war, um seine Mutter zu fressen. Mit seinem Pfeil und Bogen begann er, auf das Monster zu schießen. Mehrere Male traf er es, und letztendlich fiel es tot zu Boden.

Rodah rannte zu seiner Mutter und umarmte sie.

»Danke, mein Sohn«, sagte sie, »du hast das Monster getötet. Nun können wir leben. Was sollen wir mit dem Körper anstellen?«

Sie sammelten Holz in den Büschen und stapelten dieses auf. Dann machten sie ein großes Feuer und warfen die Körperteile des Monsters in das Feuer.

Die Mutter sagte: »Hol die Trommel. Lass uns trommeln und den Menschen, die von dem Monster umgebracht wurden, mitteilen, dass es nun tot ist und dass sie sicher zurückkommen können.«

Sie fingen an zu trommeln.

»Das Monster ist tot, kehrt zum Leben zurück.«

Plötzlich kamen die Menschen, die von dem Monster getötet wurden, zurück ins Leben. Sie begrüßten Rodah und seine Mutter und bedankten sich bei ihnen, dass sie sie zurück ins Land der Lebenden geholt haben.

Christopher Oduor Otieno

5. Klasse

Mein Name ist Christopher Oduor Otieno, und ich bin 10 Jahre alt. Ich komme aus Homa-Bay in Kenia. Ich lebe mit meiner Familie in Riverbank in Embakasi, Nairobi, und gehe jeden Tag zur Schule, außer sonntags. Unsere Schule ist in Embakasi in Nairobi. Ich habe fünf Geschwister: Emmanuel Bodi, Jacob Otieno, Maryanne Otieno, Rachel Awuot und Stanely Lucky. Wenn ich groß bin, werde ich den Armen und Bedürftigen in unserer Gesellschaft helfen. Ich werden ihnen helfen, weil anderen zu helfen gut ist. Wenn du anderen hilfst, wird Gott dir auch helfen. Wenn du anderen hilfst, werden sie dir eines Tages auch helfen, wenn du selber Hilfe brauchst. Wenn ich groß bin, will ich ein Bauingenieur werden, denn ich liebe mein Land und will viele schöne Häuser und Bauwerke erschaffen, um Kenia noch schöner zu machen und sogar Touristen mit wunderschönen Häusern und noch ganz viel mehr zu überraschen. Ich mag diese Arbeit, denn ich werde dadurch viel Geld verdienen können und meine vielen schönen Gebäude im Fernsehen sehen können. Ich hoffe, ich sterbe nicht, bevor ich Bauingenieur geworden bin.

Ich hoffe, ich sterbe nicht, bevor ich Bauingenieur geworden bin.

Eines Tages will ich nach Deutschland reisen, um die schönen Gebäude, die Umwelt und die Menschen zu sehen. Ich würde gerne die deutschen Fußballer treffen, denn Deutschland ist [im Fußball] eines der besten Länder in Europa. Ich würde auch gerne die wilden Tiere und das Klima in Deutschland sehen.

Meistens ist mein Tag schön. An einem normalen Tag wache ich am Morgen auf und danke Gott, dass er mich die ganze Nacht beschützt hat bis zum Morgen. Dann wasche ich mein Gesicht, ziehe meine saubere Uniform und meine Schuhe an und esse mein Frühstück. Dann nehme ich meinen Rucksack und laufe zur Schule. In der Schule bekommen wir Mittagessen. Abends gehe ich nach Hause und mache meine Hausaufgaben. Danach esse ich zu Abend, und das Leben geht weiter.

Ich mag meine Heimatstadt sehr. Für mich ist es die beste Stadt. Ich mag diese Stadt wegen ihrer Natur und der schönen Gebäude. Es leben viele gute Menschen an diesem Ort. Im Nationalpark gibt es viele Tiere, wie zum Beispiel Affen, Zebras, Antilopen, Giraffen und noch viele weitere. Es leben dort auch viele einheimische Tiere wie Kühe, Ziegen, Schafe, Esel oder Kamele.

Ich würde mir wünschen, gesponsert zu werden, sodass ich meinen Abschluss machen kann, um eines Tages Ingenieurwesen an der Universität studieren zu können.

Mein Lehrer bringt mir viele Sachen bei, und so habe ich Fächer wie Naturwissenschaften, Sozialkunde, Englisch und noch viele weitere gelernt. Jetzt spreche ich sogar schon gutes Englisch. Ich bin immer gut in der Schule. Ich bin sehr gut, und bin die Nummer eins von 30 Schülern. Mein Leben ist schön.

Donner und die Götter

VON CHRISTOPHER ODUOR OTIENO

Es waren einmal zwei Götter, der schwarze und der rote Gott. Der schwarze Gott war sehr bescheiden, freundlich und liebevoll, während der rote Gott bösartig war und sich überhaupt nicht für die Menschen interessierte. Sie lebten gemeinsam oben im Himmel, doch der schwarze Gott lebte unter dem roten Gott und war den Menschen auf der Erde deshalb näher.

Eines Tages verbreitete sich auf der gesamten Welt eine Hungersnot. Die Menschen hatten weder Nahrung noch Wasser. Das Vieh konnte weder Gras zum Fressen noch Wasser zum Trinken finden und verhungerte beinahe.

Der schwarze Gott sprach zum roten Gott: »Lass uns den Menschen Wasser geben, bevor sie vor Hunger sterben.«

Dem roten Gott widerstrebte, Menschen, zu denen er keine Verbindung hatte, Wasser zu geben. Nachdem der schwarze Gott ihn lange angefleht hatte, gab der rote Gott nach. Es war entschieden, dass Wasser vom Himmel auf die Erde freigelassen werden sollte.

Als das getan war, regnete es tagelang sehr stark.

Nach einiger Zeit sagte der rote Gott zum schwarzen Gott: »Du kannst das Wasser jetzt stoppen, die Menschen haben genug.«

Der schwarze Gott antwortete: »Lass es uns noch ein paar Tage länger regnen, die Erde war ausgetrocknet«. Dies war entschieden.

Tage vergingen, bis der rote Gott erneut zum schwarzen Gott sprach: »Du kannst das Wasser jetzt stoppen.«

Der schwarze Gott stimmte dem zu, und es fiel kein Regen mehr auf die Erde.

Weitere Tage verstrichen, und der schwarze Gott fragte den roten Gott, ob er mehr Wasser für die Menschen freilassen könne. Der rote Gott verweigerte es dieses Mal allerdings, und ein Streit entstand, in dem der rote Gott damit drohte, jene Menschen auszulöschen, die er als verdorben empfand. Dem schwarzen Gott fiel es schwer, den roten Gott von seinen Drohungen abzuhalten.

So ist es auch heute noch, wenn man Donner hört. Das ist der rote Gott, der versucht, den schwarzen Gott zu besiegen, um die Menschheit auszulöschen. Aber wenn es still ist, hält der schwarze Gott gerade den roten Gott davon ab, seine Drohungen wahr zu machen.

Irene Adhiambo

8. Klasse

LEBEN

Mein Name ist Irene Adhiambo. Ich bin 14 Jahre alt und komme aus Nairobi. Ich bin ein dunkles, großes und gehorsames Mädchen. Ich komme aus einer fünfköpfigen Familie, in der mein Vater der Hauptverdiener ist. Er ist derjenige, der jeden Cent für Schulgebühren, Miete, Nahrung und Krankenhaus zahlt. Dies macht es manchmal hart für uns, wenn er zur Arbeit geht und anschließend kein Geld bekommt. Weil unsere Mutter keinen Job hat, müssen wir während dieser Tage hungern. Wenn wir Glück haben, können wir uns dann eine Mahlzeit am Tag leisten. Ich hoffe, dass wir eines Tages von diesem schrecklichen Leben in ein besseres, entspannteres und friedliches Leben übergehen.

Ich werde immer wieder von der Schule nach Hause geschickt, um Geld für die Schulgebühren zu holen. Auf dem Weg fühle ich mich immer schlecht, denn ich weiß, dass ich kein Geld bekommen werde. So bleibe ich einfach zu Hause und verpasse den Unterricht.

Zu Hause vergeht kein Tag, an dem meine Eltern sich nicht streiten. Seitdem mein Vater seinen Job auch noch verloren hat, ist das Leben sogar noch härter als zuvor. Mein Vater beschwert sich immer über meine Mutter, dass sie sich einen Job besorgen soll. Wenn ich an ihrer Stelle wäre, würde ich mich beruhigen und das Problem lösen, doch während sich meine Eltern streiten, dürfen meine Geschwister und ich nichts sagen. Ich

Manchmal denke ich daran, mich zu erhängen und meine Eltern zu verlassen, doch das ist keine Lösung.

bin dieses Leben satt. Manchmal denke ich daran, mich zu erhängen und sie zu verlassen, doch das ist keine Lösung.

Wenn ich doch nur ein Ratgeber sein könnte, dann würde ich unser Haus besuchen und meinen Eltern verraten, wie wichtig Frieden ist und wie schlimm die Folgen von Gewalt sind. Ich würde sie wieder vereinen und sie wieder wie ein Paar wirken lassen. Wenn all dies erledigt ist, dann würde ich gerne wieder zu mir selbst finden. Wenn mich jemand nach Mombasa bringen könnte, wäre ich so glücklich, denn wenigstens einmal würde ich von zu Hause wegkommen und an einem coolen Ort sein, wo ich entspannen und mich wohlfühlen kann. Mombasa ist die zweitgrößte Stadt in Kenia. Es gibt alle möglichen Restaurants, die man sich nur vorstellen kann. Nebenbei denke ich, dass nur meine Heimatstadt besser ist, denn dort gibt es einen See, in dem ich, wenn ich gelangweilt bin, schwimmen kann. Meine Heimatstadt hat alle möglichen Statuen und eine wunderschöne Szenerie. Manchmal ist das Leben langweilig, aber aufgeben kommt nicht infrage. Ich hoffe, dass sich unser Leben eines Tages ändern wird.

Ich hoffe, dass sich unser Leben eines Tages ändern wird.

SCHULE

Ich besuche die 8. Klasse des Bethlehem Community Centers. Auch wenn ich aus einer armen Familie stamme, mag ich die Schule. Sie ist das Beste, was ich im Leben habe. Seitdem ich zur Schule gehe, ist dies das Einzige, was mir das Gefühl gibt, weiterleben zu wollen. Es ist nicht das Wichtigste zur Schule zu gehen, sondern sich die Wichtigkeit bewusst zu machen. Seit 11 Jahren gehe ich nun schon zur Schule, und es hat sich als großer Nutzen erwiesen. BCC hat sehr gute Lehrer mit guten Moralvorstellungen. Das Bethlehem Community Center hat mir und den anderen neue Hoffnung gegeben.

In der Schule bin ich Pfadfinder. Ich bin so genau, dass die Leute denken könnten, dass ich eines Tages Polizistin werden will. Aber das will ich nicht. Mein Traum ist es, Richterin zu werden. Ich will helfen, Recht und Ordnung in unserem Land zu erhalten. Ich möchte ein Leben voller Harmonie. Es wird mich so glücklich machen, zu sehen, dass Leute meine Arbeit würdigen. Wenn Gott so will, werde ich am Gericht arbeiten, wo ich fair über Kriminalfälle entscheide. Wenn ich erfolgreich bin, wird sich mein Leben ändern, und ich werde meine Ziele erreichen.

Mit der Hilfe meiner Lehrer werde ich meinen kenianischen Grundschulabschluss (kurz KCPE) schaffen. Ich träume davon, die State-House-Oberschule für Mädchen zu besuchen. Nach meinem Sekundarabschluss würde ich gerne die Moi-Universität besuchen, wo ich meine Karriere einschlagen kann.

ZUKUNFT

Ich wünsche mir, dass ich eines Tages meine Ziele erreiche. Ich will nicht nur Jurist in Kenia sein, sondern international. Ich möchte der ganzen Welt zur Seite stehen. Ich will das Leben meiner Eltern verändern. Ich hoffe, ich bin eines Tages in der Lage, ein schönes, großes, permanentes Haus für meine Eltern zu bauen. Ich werde meinen Eltern helfen, für die Schulbildung meiner Geschwister zu zahlen. Ich bete auch dafür, dass eines Tages Autos vor unserem Haus stehen. Ich hoffe auch, dass meine Eltern ein besseres Leben voller Freude und ohne Elend führen.

Ich werde meinen Eltern helfen, für die Schulbildung meiner Geschwister zu zahlen.

Nachdem mein Geschäft mir zu Wohlstand verholfen hat, werde ich vielleicht heiraten. Wie wir alle wissen, darf kein Mann alleine wohnen. Nachdem ich geheiratet habe, sind zwei Kinder vollkommen ausreichend für mich. Ich werde dafür sorgen, dass meine Kinder ein gutes Leben haben. Ich werde ihnen beibringen, dass Bildung wichtig ist. Wenn es nach mir ginge, würde ich meinen Kindern helfen, Jura zu studieren, aber ich werde sie selbst entscheiden lassen. In 5 Jahren werde ich vielleicht die State-House-Oberschule für Mädchen besuchen. Wenn ich groß bin, dann gibt es jeden Morgen zum Frühstück Pizza, Saft und etwas Pudding obendrauf. Ich wünsche mir, Millionärin zu sein.

Mein letzter Wunsch ist es, dass alle meine Träume in Erfüllung gehen und aus meinen Träumen so Realität wird.

Faith Kethy Muli

5. Klasse

Mein Name ist Faith Kethy Muli, und ich bin 11 Jahre alt. Ich besuche die die 5. Klasse des Bethlehem Community Centers in Nairobi. Das ist in Embakasi. Gebürtig komme ich aus Machakos, aber nun lebe ich in Nairobi. Ich liebe diesen Ort, denn es ist harmonisch und friedlich hier. Alle lieben sich und helfen sich gegenseitig, das ist, was ich so sehr liebe hier.

Wenn ich groß bin, will ich eine Ärztin werden, denn ich will Leuten helfen, die an verschiedenen Krankheiten erkrankt sind, und die Leben von vielen Menschen in meinem, aber auch in anderen Ländern retten. Ich will so sein wie Dr. Ben Carson[1] denn er ist ein berühmter Arzt. Auf der ganzen Welt hat er so viele Menschenleben gerettet. Er liebt Menschen und kümmert sich um sie.

[1] Benjamin Solomon »Ben» Carson, Sr. ist ein US-amerikanischer Politiker, pensionierter Neurochirurg. Bekannt wurde er durch Trennungsoperationen siamesischer Zwillinge.

Er ist freundlich, aufrichtig, liebevoll, fleißig und aufopferungsvoll. Dies ist, warum so viele Menschen ihn lieben und ihn schätzen, deshalb will ich einmal so sein wie er.

Mein Alltag ist okay. Mit Gottes Hilfe habe ich schon viele Herausforderungen gemeistert. Ich lebe zusammen mit meiner Mutter. Sie ist alleinerziehend, und sie ist immer bei mir und kümmert sich um mich und meine kleine Schwester. Ich liebe meine Mutter so sehr, ohne sie und meine Schwester kann ich nicht glücklich sein. Sie ist mein Glück und meine Welt.

Ich liebe meine Schule so sehr, denn sie ist der Schlüssel zum Erfolg. Ohne zur Schule zu gehen, kannst du deine Ziele im Leben nicht erreichen. Unsere Schule hat elf Lehrer. Sie unterstützen uns, unser Wissen auszubauen, und bringen uns bei, niemals aufzugeben. Unsere Lehrer unterrichten uns viele Sachen wie Schönschrift, Ältere zu respektieren, wie man ordentlich grüßt und gute Manieren an den Tag legt.

Sonntags gehe ich in die Kirche, um noch mehr zu lernen, was Kinder tun und wissen sollten. Wir werden unterrichtet, bis wir alles verstanden haben. Ich wünschte, Gott würde mir helfen, meine Examen zu bestehen. Ich werde niemals aufgeben und fleißig sein. Ich werde die Älteren immer respektieren und jeden in meiner Gesellschaft lieben. Jeder wird mich lieben, weil ich gehorsam bin.

Für meine Zukunft hoffe ich, dass ich zu einer geschätzten und respektierten Frau heranwachse.

Für meine Zukunft hoffe ich, dass ich zu einer geschätzten und respektierten Frau heranwachse. Mein Lieblingsessen ist Pizza und Reis mit Hähnchen. Ich esse diese Gerichte gerne, denn sie sind lecker und geben mir Energie. Ich wäre auch gerne eine Anwältin, die misshandelte Kinder schützt.

In der Schule treffe ich viele unterschiedliche Schüler. In der Schule habe ich gute Freunde, die mich zum Lachen bringen und mich die ganze Zeit glücklich machen. Meine Freunde sind einfach toll. Stancy, Jeriahn, Faith, Eunice und Laura sind meine besten Freunde. Ich liebe sie. Ich brauche sie, sie helfen mir in jeder Situation. Sie spielen gerne mit mir.

In 10 Jahren will ich an der Universität studieren. Ich werde fleißig sein und hart arbeiten, um meine Ziele zu erreichen. Ich werde eine gute Schülerin sein und meine Eltern und Lehrer respektieren. Mein größter Wunsch ist es, von einem Deutschen, der mich so liebt, wie ich bin, gesponsert zu werden. Jemand, der sich um mich, meine Schwester und meine Mutter kümmert und mir Geschenke kauft. Gott schütze mich und helfe mir, meine Ziele zu erreichen.

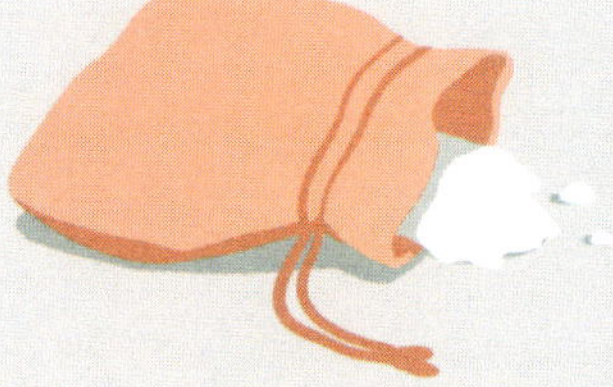

Die böse Stiefmutter

VON FAITH KETHY MULI

Es war einmal eine Frau namens Rodah Muthori mit ihren zwei Kindern. Ihre erste Tochter hieß Esi und die Zweitgeborene hatte den Namen Sarah. Esi hatte einen Freund und war verwöhnt, Sarah hingegen war bescheiden.

Eines Tages bat Esi Sarah, ihre Schuhe zu binden, und sie fingen an zu diskutieren. Als Rodah hörte, dass Sarah ihrer Schwester nicht helfen wollte, schlug sie Sarah. Rodah hasste Sarah und dachte nicht, dass Sarah ihre eigene Tochter wäre. Sie behandelte sie auch nicht wie eine eigene Tochter und behauptete, dass Sarah adoptiert sei. Sie hasste Sarah so sehr, dass sie sich entschloss, sie zu töten.

Eines Tages ging sie zu einem Juju-Mann, der Sarah töten sollte. Er fragte sie, warum sie Sarah so sehr hasste, jedoch willigte er ein, im Tausch gegen eine Ziege und menschliches Blut Sarah umzubringen. Er gab Rodah weißes Pulver und wies sie an, dieses in Sarahs Essen zu mixen.

Als Rodah nach Hause kam, fing sie an, Reis und Eintopf zu kochen und gab Sarah einen extra großen Teller.

»Iss die ganze Portion und gib nichts an Esi ab«, sagte Rodah zu Sarah, die sehr überrascht war über diese Geste. Sie verließ das Haus, um ihren Freunden davon zu erzählen.

Als Sarah zurückkam, sah sie, dass Esi ihre komplette Mahlzeit gegessen hatte, jedoch machte es ihr nichts aus.

Als Rodah nach Hause kam und sah, dass Esi statt Sarah die extra zubereitete Portion gegessen hatte, fing sie an zu weinen. Esi sagte ihrer Mutter, dass sie Bauchschmerzen habe. Als sie beim Arzt ankamen, war Esi bereits tot.

Sarah erzählte allen die Wahrheit über Esis Tod. Die Leute waren schockiert darüber, dass eine Mutter ihrem Kind so etwas antun kann. Dies war eine Lehre für alle Mütter, dass sie alle ihre Kinder auf die gleiche Weise lieben sollen.

Richard Mwangi

6. Klasse

Ich bin Richard Mwangi, und ich bin 12 Jahre alt. Ich besuche die 6. Klasse des Bethlehem Community Centers. Ich lebe in einem Slum in einem Bezirk namens Embakasi East Village in der Altstadt Nairobis. Ich bin ein bisschen größer als 1 Meter. Ich bin ein gläubiger Christ, der den Anweisungen Gottes folgt und ihm dient, denn er hat den Himmel und die Erde erschaffen. Ich bin schwarz, doch ich danke Gott, am Leben zu sein.

Ich lebe bei meinen zwei Eltern, Mr. und Mrs. Waitathu. Wir sind drei Kinder in unserer Familie, ich als der Erstgeborene und meine beiden Geschwister Kelvin Kenyanjui und Brain Mwangi. Ich bin ein gut aussehender Junge und arbeite hart. Ich bin aber auch ein mutiger Junge. Unsere Heimatstadt ist ein sehr schönes Zuhause und heißt Kiambu. Kiambu liegt im Zentrum Kenias. Es ist die schönste Region in Kenia. In Kiambu gibt es kühles und feuchtes Klima. In Kiambu gibt es viele hart arbeitende Menschen, und sie pflanzen Bäume und Getreide, welches sie anschließend verkaufen. Es gibt viele Aktivitäten in Kiambu. In Nairobi helfe ich meinen Eltern, die Wäsche zu waschen, und meinen Geschwistern bei der Hausarbeit.

Meine Lieblingsfächer sind Mathe, Naturwissenschaften und Englisch. Mein Lieblingssender ist Elimu TV, denn es laufen dort viele Lehrfilme, die einem Mathe beibringen. Meine Eltern gehen jeden Tag zur Arbeit, damit wir ein gutes Leben haben können. Jeden Morgen nach dem Aufstehen finde ich Frühstück auf dem Esstisch. Ich wäre gerne ein Ingenieur, der Flugzeuge, Maschinen, Laster und Elektronikartikel repariert. Ich könnte den Menschen auf vielfältige Art und Weise helfen, wenn ich ein Ingenieur wäre.

Ich wäre auch gerne ein Helfer für die, die keine Eltern haben. Ich würde ihnen Essen geben und ihnen eine Schule bauen. Denjenigen, die krank sind, würde ich zu einer Behandlung verhelfen. Ich liebe meine Eltern, weil ich nie hungrig ins Bett muss. In der Schule essen wir morgens Haferbrei, zum Mittag essen wir einen Mix aus Mais und Bohnen oder manchmal Chapati [eine Art Fladenbrot], Fleisch, Kohl und Reis.

Ich liebe meine Eltern, weil ich nie hungrig ins Bett muss.

Mein Lieblingslehrer ist Mr. Oloo. Ich werde hart arbeiten, denn ich will helfen, dass viele Kenianer ein glückliches und friedliches Leben führen können. Wenn ich groß bin, dann würde ich gerne nach Deutschland reisen, denn dort kann man vieles machen. Ich mag Nashörner und Löwen. Das Nashorn ist eines der wildesten Tiere, die ich liebe. Es ist schwer, sich heute vorzustellen, dass es mal ganz viele Nashörner in weiten Teilen Kenias gab.

Ich liebe Nashörner, denn viele Touristen aus der ganzen Welt kommen nach Kenia, um Nashörner zu sehen, was unser Land durch die fremden Gelder bereichert hat. Sogar die Löwen bringen die Touristen dazu unser Land zu besuchen. Ich bin ein Künstler, ich mag es, Bilder von Autos, Menschen und Tieren zu zeichnen. Ich bin der beste Künstler unserer Familie und in unserer Klasse.

Die Botschaft vermitteln

VON RICHARD MWANGI

Vor einer langen, langen Zeit versuchten Menschen auf verschiedenen Wegen, Nachrichten untereinander zu vermitteln. Die ersten Menschen lebten in Höhlen. Sie malten Bilder an die Wände der Höhlen, um eine Geschichte zu erzählen. Einige von ihnen können wir noch heute in Höhlen sehen. In Afrika vermittelten einige Menschen ihre Nachrichten, indem Sie auf Trommeln schlugen, Rauchzeichen oder verschiedene Rhythmen benutzten, um sich zu verständigen. Die alten Griechen aus der Antike benutzten zum Beispiel ein Metallstück und Sonnenstrahlen, um zu kommunizieren.

Irgendwann haben die Menschen das Schreiben erfunden. Die Menschen aus Kenia zum Beispiel benutzten Bilder, um

Wörter darzustellen. Dies nennt man auch Hieroglyphen. Später schrieben die Leute anhand des Alphabets. Sie benutzten für jeden Laut aus ihrer Sprache ein anderes Symbol. Diese Symbole nennen sich heute Buchstaben des Alphabets. Es gibt mittlerweile viele unterschiedliche Formen von Alphabeten auf der Welt.

Es war nicht immer so leicht wie heute, etwas zu finden, auf dem man schreiben kann. In den ersten Jahren versuchten die Menschen, auf Tonplatten zu schreiben. Anschließend wurden die Tonplatten gebrannt. Manche von ihnen gingen dabei kaputt, sodass das Geschriebene nicht mehr lesbar war. Eine andere Form, die Menschen benutzten, waren Steine. Die Menschen ritzten Buchstaben in Steine. Das war sehr anstrengend, und stellt euch nur mal vor, die Kinder mussten ihre Steine, auf denen sie ihre Hausaufgaben schrieben, wieder mit in die Schule bringen. Eines Tages entdeckten Menschen in Kenia, dass es eine Pflanze namens Papyrus gab, aus welcher dünne Blätter zum Schreiben gemacht werden konnten. Die Menschen rollten die Blätter auf und benutzten Holzstäbe an beiden Enden, für einen besseren Halt. Diese Rollen wurden auch Schriftrollen genannt. Später hatte jemand die Idee, die Schriftrollen in Stücke zu schneiden und diese zusammenzubinden. Und so ist das erste Buch entstanden. Für eine lange Zeit wurden Bücher nur mit der Hand geschrieben.

John Mung'ora

6. Klasse

Mein Name ist John Mung'ora, und ich bin ein 11 Jahre alter Junge. Ich lebe in einem Land, das sich Kenia nennt, in einer Stadt, bekannt als Nairobi. Ich lebe im Soweto-Slum. Kenia ist auf dem afrikanischen Kontinent zu finden. Ich wurde nicht auf dem Land geboren, sondern in der Stadt Nairobi. Ich wurde am 8. Februar 2008 geboren. Ich besuche das Bethlehem Community Center, welches im Slum liegt.

Ich lebe zusammen mit meinen Eltern in Nairobi, ihre Namen sind Mr. und Mrs. Mung'ora. Meine Heimatstadt ist Murang'a, aber ich lebe einfach bei meiner Familie in Nairobi. Meine Schwester ist erst eins. Ihr Name ist der eines Mädchens und heißt Veronica Wangui. Sie ist die Zweitgeborene und völlig normal entwickelt.

Ich besuche jeden Monat meine Großmutter in Murang'a. Meine Großmutter ist sehr gutmütig, und sie liebt mich. Mein Großvater ist vor vielen Jahren gestorben, darum wohnt meine Großmutter allein. Doch sie ist umgeben von meinen Tanten.

Auf dem Land ist es mal heiß, mal kalt. Meine Eltern wünschen sich für mich das Beste und kümmern sich um mich. Ich will ein Rockstar in Kenia werden. Ich kann Lieder singen so wie Justin Bieber oder Drake. Ich singe gerne, denn meine Stimme ist weich und kann viele Lieder umfassen. Wenn ich in Nairobi bin, dann besuche ich einige Parks oder Museen. Mein Vater ist ein Bauarbeiter und baut Gebäude. Ich helfe meinen Eltern auf verschiedene Weise, etwa beim Wäschewaschen, Hausputzen oder Abwaschen.

Manchmal schwächele ich, und jedes Mal, wenn das Wetter kälter wird, könnte ich sofort anfangen zu husten, oder wenn jemand mich kneift oder kratzt, dann reagiert meine Haut und schwillt an. Ich muss Celestamine schlucken, um die Schwellung zu behandeln, doch dies hält mich nicht vom Lernen ab.

Das Leben in Kenia klingt interessant für viele Leute, doch für mich ist es hart. Doch ich glaube, dass Gott mir hilft, jede Herausforderung zu meistern. Ich liebe es in der Schule, ich habe viele gute Freunde. Wir besuchen uns jedes Wochenende auf dem Feld und spielen Spiele.

Abigail Njeri Warui

6. Klasse

Mein Name ist Abigail Njeri und ich besuche das Bethlehem Community Center. Ich bin dankbar, dass ich noch lebe. Ich wurde am 10. Februar 2006 geboren und bin 13 Jahre alt. Ich lebe zusammen mit meinen Eltern, Mr. und Mrs. Warui. Ich lebe zusammen mit meiner Familie in Soweto, was in Embakasi, Kenia, gelegen ist. Ich liebe diesen Ort, obwohl hier zu leben hart und von Armut geprägt ist. Doch zusammen haben wir schon viele Herausforderungen gemeistert. Mein Vater arbeitet als Schuhputzer, und meine Mutter arbeitet als Lehrerin. Ich liebe dieses Land, hier zu leben bedeutet Frieden, Liebe und Harmonie.

Ich gehe in die 6. Klasse. Die Fächer sind einfach, und ich erbringe immer eine gute Leistung. Manchmal gehöre ich sogar zu den fünf oder sechs Besten des Jahrgangs.

Der Ort, an dem ich lebe, liegt zwar in Soweto, doch aufgewachsen bin ich in den Regionen Murang'a und Nakuru. Mein Vater spricht die Sprache Gikuyi und meine Mutter Meru. Mein Vater ist in der

Nähe des Maraguaflusses im Bezirk Maragua in Murang'a geboren. Meine Mutter wurde in Naivasha in Nakuru geboren.

Ich habe zwei Geschwister, somit sind wir daheim drei Kinder und zwei Eltern. Wenn ich groß bin, will ich Chirurgin werden. Ich habe einmal einen Chirurgen gesehen, der reich war, weil er mehr Geld verdient als ein normaler Arzt, und ein Arzt verdient mehr Geld als eine Krankenschwester. In Zeiten, in denen wir genug zu essen haben, brauche ich das Geld nicht. Dann esse ich Frühstück, Mittagessen und Abendessen. Morgens esse ich Porridge mit Bohnen und Mais. Mittags esse ich Bohnen und Mais oder Ugali mit Bohnen. Abends esse ich Bohnen und Mais oder Ugali mit Bohnen und Kohl.

In Zeiten, in denen wir genug zu essen haben, brauche ich das Geld nicht.

Purity Chamtai

6. Klasse

Mein Name ist Purity Chamtai. Ich bin 12 Jahre alt. Ich liebe mein Leben sehr, auch wenn ich vielen Herausforderungen gegenüberstehe, doch ich gebe nicht auf. In meinem Leben fehlt es mir an vielen Dingen, aber alles in allem überlebe ich. Ich und die anderen Schüler leben im Waisenhaus, weil unsere Eltern uns verlassen haben, als wir noch jung waren. Vor langer Zeit lebten wir in Molo, doch jetzt leben wir in Nairobi, der Hauptstadt Kenias. Meine Heimat ist dennoch Molo. Ich besuche eine Schule namens Bethlehem Community Center.

Wenn ich es schaffe, mir ein besseres Leben zu erarbeiten, freue ich mich wie ein König. Ich bin ein hübsches Mädchen mit einer braunen Hautfarbe und besuche die 6. Klasse. Meine Haare sind schwarz und sehr lockig. Ich wurde am 15. Oktober 2007 in Molo geboren.

Jeden Tag wache ich auf und gehe schnell ins Badezimmer, um zu duschen, danach fühle ich mich so frisch wie ein Gänseblümchen. Wenn ich schlafe, träume ich davon, eine Ärztin zu werden. Ich glaube darin, dass ich dieses Ziel in Zukunft erreichen kann, wenn ich hart arbeite.

Bald werde ich in der 8. Klasse meine Abschlussprüfung machen. Wenn ich mit der Prüfung fertig bin, habe ich mich entschieden, auf meine Ergebnisse zu warten. Wenn ich höre, dass die Ergebnisse bald kommen, werde ich zu Gott beten, 400 Punkte zu erreichen. Gott wird mir helfen, die 400 Punkte zu erreichen, sodass ich zu meiner Familie zurückkann.

Jetzt bin ich in der 6. Klasse und bekomme 300 Punkte. Ich hoffe, dass ich in KCPE [die Abschlussprüfung der kenianischen Primarstufe] mehr bekomme. Ich mag es, meine Geschwister zu besuchen, wenn die Schule schließt. Meine Geschwister leben in Nairobi City. Der Name meiner Schwester ist Naomi Chepkwechi, Brüder habe ich auch.

Und ich spiele gerne die ganze Zeit Fußball. Ich mag es hier, in Nairobi sind die Sachen günstig. So kann ich mir ein paar Klamotten kaufen und sogar Schuhe für meine kleineren Geschwister und ihre Schulgebühren. Ich würde gerne den Bedürftigen helfen und ihnen ein Zuhause bauen, sodass sie dort glücklich leben können.

Lion, der Betrüger

VON PURITY CHAMTAI

Es war einmal ...

Es war einmal ein starker Löwe mit dem Namen Lion.

Alle Tiere im Wald lebten friedlich miteinander. Da waren Lion, der Löwe, ein kleiner frecher Affe, eine Hyäne, ein lustiges Zebra, eine Antilope und ein Riesenelefant. Zum Fressen gingen Sie in den Wald und fraßen Gras. Sie liebten das grüne Gras und ganz besonders die Blätter.

Einmal im Jahr jedoch überkam eine schwere Dürre das ganze Land. Langsam vertrockneten das Gras und die Bäume, und alle Tiere hatten plötzlich nichts mehr zu fressen. Sie wurden von Tag zu Tag dünner und schwächer, einige überlebten diese Dürrezeit nicht.

Lion, der Löwe, war der König der Tiere. Lion schaute nach den hungernden Tieren, konnte jedoch nichts machen und beschloss, nun für sich selber zu sorgen und anderswo eine Obhut zu suchen, um der Dürre zu entkommen. Lion ging fort.

Alle Tiere fragten sich, wohin er wohl gegangen sei, und sie begannen, gemeinsam nach Lion zu suchen. Sie konnten ihn jedoch nicht finden. Also beschlossen die Tiere, einen Rat zu bilden. Sie kamen alle zusammen, um einen Plan zu machen und zu entscheiden, wen sie wohl schicken könnten, um ihren geliebten König Lion zu finden.

Am ersten Tag schickten sie die Antilope aus, um nach Lion zu suchen, doch sie kam nicht zurück.

An zweiten Tag sandten Sie das Zebra, und auch das Zebra ging verloren.

Am dritten Tag beschloss der Rat, den kleinen Affen zu schicken. Oh je, auch er kehrte nicht wieder zurück.

Niemand wollte nun mehr weitersuchen, alle hatten jetzt große Angst.

Die mutige Hyäne beschloss, sich auf die Reise zu machen und selber nach Lion zu suchen. Alle Tiere warnten die Hyäne davor. Aber sie war fest entschlossen und versicherte ihren Freunden, gut auf sich aufzupassen und zurückzukehren.

Und so ging sie los, beschnüffelte jeden Pfad, um so die Fährte aufzunehmen, welchen Weg wohl die anderen Tiere genommen haben könnten. Endlich näherte sich die Hyäne einer Höhle und hörte ein lautes Schnarchen. Es war Lion, er schlief tief und fest.

Auf Zehenspitzen, ganz langsam ging sie in die Höhle hinein. Überall lagen die Überreste der anderen Tiere, die nach Lion gesucht hatten. Die Hyäne zögerte nicht lange und fraß alles Übriggebliebene restlos auf, bis sie satt war.

Dann verließ sie lachend und vergnügt die Höhle. Sie lachte so lautstark, dass Lion davon aufwachte. Jetzt kamen alle Tiere herbeigelaufen, um zu sehen, was geschehen war. Aber als Lion sie sah, fing er an zu rennen und jagte allen Tieren hinterher. Voller Angst um ihr Leben flüchteten sie schnell und zerstreuten sich in alle Richtungen.

Seit diesem Geschehen lebten die Tiere fortan an verschiedenen Orten.

König Lion, der Löwe, der Betrüger, frisst heute noch manche von ihnen.

Mercy Wambui

8. Klasse

MEIN LEBEN

Mein Name ist Mercy Wambui, und ich bin 13 Jahre alt. Ich wurde am 12. März 2005 geboren. Während meiner Kindheit hatte ich mit vielen Problemen zu kämpfen. Als mein Vater uns verlassen hat, war meine Mutter krank. Meine große Schwester war zu der Zeit in der Highschool. Ihr Name ist Susan Wamjiru. Ich habe drei Geschwister, zwei Schwestern und einen Bruder. Meine zweite Schwester heißt Evelyn Muthoni, und mein Bruder heißt Joseph Gitonga. Meine Mutter konnte die Schulgebühren nicht zahlen. Bevor meine Eltern sich scheiden ließen, sind wir barfuß zur Schule gegangen und sogar ohne Essen. Wir konnten überleben. Meine Mutter war krank, sie konnte uns nichts zu essen geben. Meine Großmutter mochte meine Mutter nicht. Wir haben überlebt, ohne Frühstück, ohne Abendessen, und wir wussten nicht, ob wir nicht sogar ohne Mittagessen auskommen müssen. Meine zweitälteste Schwester passte auf uns auf. Sie bat Leute um Geld, sodass sie uns Essen kaufen konnte. Meine große Schwester konnte die Schule nicht weiter besuchen, da wir kein Geld dafür hatten.

Meine Schwester bat Leute um Geld, sodass sie uns Essen kaufen konnte.

In der Schule wurde ich von meiner Lehrerin geliebt, die war eine liebenswürdige Lehrerin. Sie hat für mich mit gekocht und mir von zu Hause Essen mitgebracht. Eines Tages kam sie nicht mehr zur Schule. Als wir an diesem Tag heimgingen, fühlte ich mich schwach, ich hatte Hunger und nichts zu essen. Sie rannten und holten meine Mutter. Als ich aufwachte, war ich zu Hause.

Meine Mutter wusste, dass dies zu weit ging, und entschied, dass wir von Gilgil nach Nairobi ziehen. Dort könnte ich in Ruhe die Schule besuchen. Wir gingen zum Haus meiner Tante, wo wir für ein paar Monate blieben, dann wurden wir von einer Schule namens Bethlehem Community Center aufgenommen. Wir führten unsere Schulbildung fort, als wir ankamen, und unser Leben wurde wieder besser. Ich genieße es, an dieser Schule zu sein. Mein Ziel ist es, zu lernen und meine Familie zu unterstützen.

MEINE SCHULE

Meine Schule, das Bethlehem Community Center, ist eine wunderschöne Schule, und nebenbei ist sie umgeben von Blumen. Es ist für mich ein toller Ort. Die Schule gibt mir halt. Die Lehrer sorgen sich um uns Schüler. Sie unterrichten mit einem guten Herzen, ohne gezwungen zu werden, es zu tun. Unsere Schulleiterin ist für mich ein gutes Vorbild. Sie liebt einfach alle in der Schule, egal, wie er oder sie aussieht. Sie ist freundlich und großzügig. In der Schule gibt es eine Bibliothek mit Büchern und sie wurde von der englischen Königin Elizabeth gebaut. Es ist eine Privatschule. Mr. Oloo ist unser Oberlehrer. Ich habe viele Dinge gelernt, auch Moralvorstellungen. Unser Koch heißt John. Es gibt eine kleine Küche. Unsere Schule hat Sponsoren, die vorbeikommen und die Schüler besuchen. Sogar die Klassen haben sie gebaut. Es gibt auch ein Lehrerzimmer und ein Büro, das von den Lehrern genutzt wird. Wir nutzen Solarenergie, um unsere Hausarbeiten zu machen. Ich bin den Leuten, die die Solarpanels gebaut haben, so dankbar. Sie sind aus Deutschland. Möge Gott sie segnen und beschützen.

Ich bin den Leuten, die die Solarpanels gebaut haben, so dankbar.

Ich würde gerne eine Ärztin werden. Ein Arzt behandelt dich, wenn du krank bist. Ich würde gerne jedem helfen, der Probleme hat, denn viele haben niemanden, der sie behandelt. Ich wäre gerne wie der US-Amerikaner Rashid Abdul. Er behandelt nicht nur die Kranken, sondern besucht auch Waisenheime. Auch ich wuchs in einem Waisenhaus auf. Nett zu sein und liebenswürdig mit anderen umzugehen, kostet nichts. Die Früchte, die du jetzt säst, wirst du ernten, wenn du erwachsen bist. Ich würde gerne Krankenhäuser, Schulen und ein Waisenhaus für die Bedürftigen bauen. Wenn du Menschen hilfst, wird dir auch geholfen. Wenn du jemanden in Not siehst, dann hilf ihm und gehe nicht vorbei.

Wenn es die Möglichkeit gäbe, [irgend]einen Ort zu besuchen, wenn ich erwachsen bin, dann wäre es Deutschland. Ich würde gerne die [Menschen der] Firma treffen, die mir geholfen hat, als ich es brauchte. Ich habe von vielen Leuten gehört, dass es ein besserer Ort ist. Möge Gott mir helfen.

Beurteile die Menschen niemals nach Ihrem Äußeren

VON MERCY WAMBUI

Vor vielen Jahren lebten einmal eine Frau und ein Mann. Die beiden waren seit über 5 Jahren verheiratet, wurden jedoch nie mit einem Kind gesegnet. Die beiden beteten jeden Tag zu Gott und baten ihn, ihnen ein Kind zu schenken.

Eines Tages erhörte Gott ihre Gebete und schenkte ihnen ein Mädchen namens Alexis. Sie war wunderschön. Sie hatte die Figur einer Meerjungfrau, langes Haar und braune Augen. In der Schule war sie fleißig und arbeitete hart. Ihr Vater starb, als sie noch ein kleines Mädchen war. Überall, wo sie hinging, machte sie die Männer verrückt. Ihre Mutter wurde von allen aus dem Dorf Kanthongo genannt, weil Sie nur ein Auge besaß. Alexis arbeitete weiter fleißig in der Schule. Sie ging auf ein Internat für Mädchen in Nairobi.

Eines Tages wurden alle Eltern zu einem Besuch in die Schule gerufen. Alle Eltern waren erfreut, ihre Kinder an diesem Tag besuchen zu dürfen. Aber Alexis erzählte ihrer Mutter nie von diesem Tag. Ihre Mutter liebte sie so sehr, dass sie niemals vermutet hätte, dass Alexis etwas Schlimmes tun würde. Eines Tages war Alexis Mutter auf dem Weg vom Markt nach Hause und hörte, wie andere Mütter darüber sprachen, ihre Kinder in der Schule besuchen zu können. Auch Alexis Mutter wurde gefragt, wann sie ihre Tochter besuchen würde. Sie war überrascht und musste antworten, dass Sie von dem Tag nichts wusste und nie gefragt worden war. Die anderen Müt-

ter sagten, dass Alexis vielleicht vergessen hätte, ihrer Mutter davon zu erzählen. Alexis Mutter verabschiedete sich von den anderen und ging nach Hause, um das Essen zu kochen. Alexis Mutter war eine fantastische Köchin. Nach dem Essen ging Alexis Mutter noch mal nach draußen und fand dort einige Schüler beim Spielen. Sie sah, dass auch ihre Tochter darunter war. Alexis Mutter rief nach Alexis, aber Alexis reagierte nicht und tat so, als würde sie ihre Mutter nicht kennen. Alexis bezeichnete ihre Mutter vor den anderen als eine verrückte Frau. Ihre Mutter musste dabei zusehen, wie ihre Tochter sie ignorierte, und entschloss sich zu gehen. Die anderen Schüler fragten Alexis schließlich, ob diese Frau tatsächlich lügt oder die Wahrheit sagte.

Jahre vergingen, und Alexis Mutter wurde sehr krank. Sie hoffte sehr, dass ihre Tochter sie besuchen und zurückkommen würde. Aber Alexis kam nicht, und es schien, als hätte sie ihre Mutter vergessen. Es vergingen weitere Jahre, und Alexis entschied sich zu einem Medizinstudium. Ihrer Mutter ging es immer schlechter und ihre Tage wurden langsam weniger. Sie schrieb einen Brief an Alexis, der für den Tag bestimmt war, an dem sie starb. Nachdem sie den Brief geschrieben hatte, starb Alexis Mutter eines Tages. Alexis wurde gefragt, ob sie zu der Beerdigung kommen möchte, und entschied sich dazu, zu gehen. An dem Tag der Beerdigung las sie den Brief, den ihre Mutter ihr in ihren letzten Tagen geschrieben hatte.

In dem Brief an Alexis stand: »Alexis, ich weiß, dass du mich nicht magst, weil ich nur ein Auge habe und du dich für mich schämst. Ich möchte, dass du weißt, dass es mir gut geht und ich Frieden finden werde. Als du noch sehr klein warst, brach ein Feuer in unserem Haus aus. Ich konnte dich noch rechtzeitig aus dem Haus bringen und vor dem Feuer retten.

Bei diesem Feuer verlorst du eines deiner Augen. Ich zögerte nicht und gab dir eines meiner Augen, weil ich wollte, dass du ein glückliches Leben hast, und weil ich dich so sehr liebe.«

Tränen rollten von Alexis' Wange, als sie den Brief zu Ende las. Sie bereute ihr Verhalten, aber oft kommt die Reue zu spät.

Precious Muthoni

8. Klasse

Mein Name ist Precious Muthoni, und ich besuche die 8. Klasse des Bethlehem Community Centers. Ich wurde am 13. Dezember 2004 in einem Krankenhaus namens PMH in der Nähe von Isili geboren und bin 14 Jahre alt. Ich bin groß, und meine Hautfarbe ist braun, ich bin respektvoll und höflich zu meiner Familie, zu Älteren, Lehrern und Gott. Ich habe zwei ältere Geschwister und eine jüngere Schwester. Meine älteste Schwester heißt Mercy Wangui Murung. Meine zweite Schwester heißt Grace Wajiru Murungi und besucht die Karoti Mädchen-Highschool in Keruogoya nahe unserem Nachbargebiet Nyeri. Ich bin die Dritte, die die BCC besucht. Meine jüngste Schwester heißt Verginah Wanjiku Murungi, sie besucht die 1. Klasse des Pysbeterian Education Centers. Sie ist die hart Arbeitende und Schlaue in unserer Familie. Ich habe meine Mutter und meinen Vater, sie sind beide noch am Leben. Meine Mutter heißt Faith Wangui Murungi, und mein Vater heißt Isaac Murungi Waigwa, er ist der Kopf der Familie. Wir sind in unserer Familie zu sechst und wir lieben uns alle gegenseitig. Ich übe meinen Chorgesang zu Hause mit meinen Eltern und meinen Geschwistern. Wenn ich Zeit habe, dann gehe ich zu Imani nach Hause zu meinem Nachbarn. Mein bester Freund und ich sollten noch härter arbeiten, damit wir unsere Ziele erreichen, denn wir sind schon in der 8. Klasse. Ich liebe Nairobi in Kenia, weil ich hierhergehöre. Ich liebe meinen Gott, mein Land und meinen Präsidenten.

Ich liebe meinen Gott, mein Land und meinen Präsidenten.

MEINE SCHULE

Meine Schule ist das Bethlehem Community Center nahe Donholm. Ich fühle mich dort wohl, denn Bethlehem ist wie mein Zuhause. Hier lerne ich seit 7 Jahren. Als ich 2016 in die 6. Klasse gekommen bin, bin ich auf eine andere Schule namens Young Lilies Education Center hier in Soweto gewechselt. 2017 verspürte ich den Wunsch, wieder zurück ans Bethlehem zu gehen, denn es fühlte sich wie der einzige Ort an, an dem ich sein sollte, um zu lernen. In unserer Schule haben wir eine Küche, Lehrerzimmer, Büros, Rezeptionen, Büchereien, eine Kirche und Klassen, beginnend bei der Krabbelgruppe bis hin zur 8. Klasse. Wir haben verschiedene Clubs, wie den Umweltschutzclub, den Gesundheitsclub, Pfadfinder, Matheclub und noch ganz viele weitere. Ich liebe es, im Umweltschutzclub zu sein, denn ich liebe Bäume und Pflanzen.

MEINE ZUKUNFT

Für meine Zukunft wünsche ich mir zu sein wie Wangari Maathai[1] aus Kenia. Sie hat internationale Preise gewonnen in verschiedenen Ländern wie den USA, Mexiko und noch ganz viele mehr. Sie kümmert sich um die Bäume, und sie pflanzt Bäume in ihrer Freizeit. Darum will ich wie sie sein. Ich wünsche mir eine glückliche Familie, einen liebevollen Ehemann, der sich um die Familie kümmert sowie um mich als seine Ehefrau, Kinder und ein vereintes und friedliches Land.

---

1 Wangari Muta Maathai (* 1. April 1940 im Nyeri District, im Abschnitt Tetu im Dorf Ihithe; † 25. September 2011 in Nairobi) war eine kenianische Professorin, Wissenschaftlerin, Politikerin und ab 2002 stellvertretende Ministerin für Umweltschutz.

Risper Mumbi

6. Klasse

Mein Name ist Risper Mumbi, und ich bin 11 Jahre alt. Ich bin ein großes Mädchen. Ich habe einen großen Kopf. Mein Gesicht ist so groß. Ich habe kleine Augen, Nase, Ohren und Mund. Ich habe eine goldene Stimme. Ich lebe in Nairobi. Nairobi ist in Kenia. Ich lebe im Soweto Slum in Nairobi City. Soweto ist ein friedlicher und schöner Slum.

Aktuell lebe ich mit meinem Elternteil in Soweto. Ich besuche eine Schule namens Bethlehem Community Center. Ich lebe bei meiner alleinerziehenden Mutter, Ihr Name ist Mrs. Esther Wamuju. Meine Mutter liebt mich sehr. Ich besuche die 6. Klasse. Unsere Klasse hat 37 Schüler. Meine Lieblingsfächer sind Kiswahili und Naturwissenschaften.

Meine Klassenlehrerin heißt Judy. Meine Heimatstadt ist Nyeri. Meine Muttersprache ist Kikuju. An meiner Heimatstadt mag ich, dass sie so friedlich und schön ist. Dort gibt es keine Diebe. In meiner Heimatstadt bauen wir Tee, Zuckerrohr, Kaffee, Getreide und andere landwirtschaftliche Produkte an.

Mein Alltag ist friedlich. Ich habe drei Schwestern. Sie heißen Veronicah, Joyce und Shaleen. Die Erstgeborene heißt Veronicah Wanjiru, die Zweitgeborene ist Joyce Mothoni, die Drittgeborene bin ich und die Jüngste ist Shaleen Wanjiru.

Meine Mutter liebt uns so sehr. Wir lieben unseren Gott.

Ich mag es zu zeichnen. Wenn ich groß bin, dann werde ich Künstlerin. Ich esse gerne Pilau[1] und trinke gerne Soda. Ich gehe gerne zur Kirche. Ich trage gerne Kleider. Ich habe braune Haut.

---

[1] Ein traditionelles Reisgericht, welches mit Fisch oder Fleisch zubereitet wird.

Mein Leben ist besser als alles andere. Ich bin so gesund. Ich liebe mein Leben so sehr.

Ich muss viele Herausforderungen bewältigen, denn meine Mutter hat kein Geld, mir eine Schuluniform zu kaufen. Doch Gott ist so großzügig, dass er mir eine Sponsorin geschickt hat, die mir meine Schulgebühren bezahlt. Ihr Name ist Emily, und sie ist eine britische Frau.

Ich gehe gerne zur Schule. Meine Schule ist eine sehr gute Schule. Meine Schule hat sehr viele Bäume und Blumen. Ich mag meine Schule. Sie ist so schön. In der Schule bin ich eine hart arbeitende Streberin. Ich trinke jeden Tag Tee. Ich esse jeden Tag Mittagessen in der Schule.

Und ich esse jeden Tag Abendessen. Ich würde gerne Deutschland besuchen. Meine beste Freundin in der Schule ist Eunica Wanjiru. Sie geht in die 6. Klasse. Meine beste Freundin zu Hause ist Mary. Ich liebe meine Freunde sehr. Ich helfe ihnen heute, und sie helfen mir dafür morgen. Wir gehen zusammen spazieren und spielen gemeinsam und halten zusammen. Wir vergeben einander.

Der stärkste Hawafu

VON RISPER MUMBI

Es war einmal ein Mann namens Hawafu. Er lebte mit seiner Frau in einem Dorf und war der stärkste Mann unter den Bewohnern. Jeder mochte ihn, da er höflich, charmant und hilfsbereit war.

Eines Nachts töteten Löwen die Ziegen des herrschenden Königs, was diesen sehr traurig machte. Der Diener des Königs erzählte ihm von Hawafu, dem stärksten Mann, welcher die Kraft besaß, Löwen zu töten. Der König befahl seinem Diener, Hawafu umgehend zu ihm zu bringen. Dieser suchte Hawafu und seine Frau in ihrem Haus auf. Obwohl er Angst davor hatte, dass der König ihn aufgrund seiner Stärke als Bedrohung sehen und ihn umbringen könnte, kam Hawafu der Aufforderung nach, den König zu sehen.

»Wenn du mir hilfst, die Löwen zu töten, werde ich dir Geschenke machen, die du dir kaum vorstellen kannst«, erklärte der König.

In der kommenden Nacht schlief Hawafu in einem für ihn hergerichteten Zimmer. Mitten in der Nacht weckten ihn die lauten Geräusche der königlichen Ziegen. Er schlich leise in das Ziegengehege und sah mehrere Löwen, die drauf und dran waren, alle Ziegen zu töten. Hawafu nahm den Kampf mit den Löwen auf, und das laute Gebrüll weckte die Dorfbewohner. Als diese das Gehege erreichten, hatte Hawafu alle Löwen getötet.

Am nächsten Morgen war der König überglücklich, als er herausfand, was Hawafu vollbracht hatte. Wie versprochen belohnte er ihn für seine Tat.

Seine Frau erwartete ihn erfreut, als dieser mit all den Geschenken nach Hause kam. Von diesem Tag an lebten die zwei friedlich zusammen und wurden Vorbilder für das ganze Königreich.

Newton Kuria

7. Klasse

MEINE GESCHICHTE

Mein Name ist Newton Kuria, und ich bin 13 Jahre alt. Ich komme aus Kenia, aus einem Ort namens Nyeri City in der Region Mount Kenia. Aber jetzt lebe ich in Nairobi, in einem Stadtteil namens Kayole. Ich wurde am 14. Juli 2006 geboren. Gott sei Dank bin ich am Leben und gesund. Ich besuche das Bethlehem Community Center. Ich bin nicht so schlau, aber ich bin clever, so habe ich es an die erste Stelle geschafft. Ich arbeite hart, um meine Ziele zu erreichen. Mein Lieblingsfach sind die Naturwissenschaften, einfach weil es das einfachste Fach ist. Ich bin in der 7. Klasse, wo ich meine Fächer lerne, schreibe und lese. Mein Hobby ist das Fußballspielen, denn es ist das beste Spiel. Ich habe Fußball gewählt, denn es ist ein gutes Training, welches dich gesund hält. Ich mag es, das Evangelium unter den Armen zu verbreiten, denn Paul und Silas haben das Evangelium unter den spirituellen Armen verbreitet. Ich habe vier Geschwister, drei Brüder und eine Schwester. Ich liebe meine Geschwister über alles , denn in der Bibel steht, dass du über deine Brüder wachen sollst.

MEIN LEBEN

Seitdem ich klein bin, will ich wie Sir William Macewen[1] sein. Er war einer der Pioniere in der modernen Neurochirurgie und

---

[1] Sir William Macewen war ein schottischer Chirurg und zu seiner Zeit ein Pionier der Gehirnchirurgie, welcher viele Innovationen in der Chirurgie entwickelte.

hat dazu beigetragen, die Knochentransplantation zu entwickeln, sowie die chirurgische Behandlung von Hernien und Lungenresektionen. Ich will wie William Macewen sein, einfach weil er ein Spezialist war auf dem Gebiet der Prävention, Diagnostik, Behandlung und Rehabilitation von Krankheiten mit Effekten auf die Wirbelsäule, das Gehirn, das Nervensystem und die peripheren Nerven.

Für mein Leben wünsche ich mir, eines Tages in einem wunderschönen und friedlichen Staat wie New York zu leben, denn dort gibt es die Freiheitsstatue. Mein Großvater hat mir vor langer Zeit gesagt, dass diese Statue Frieden und Freiheit bringt.

Ich liebe meine Heimatstadt, weil es mein Zuhause ist und es dort Frieden und Liebe gibt.

Mein Alltag ist spaßig, weil ich so lebe, wie Gott es will. Ein normaler Tag ist wie das Erklimmen des Mount Kenya, es schweißt mich und meine Familie in einem Leben, geprägt von Frieden und Güte, zusammen.

Ich liebe meine Heimatstadt, einfach weil es mein Zuhause ist und es dort Frieden und Liebe gibt. Ohne Frieden und Liebe gäbe es nur Vetternwirtschaft und Korruption, die Stadt wäre nicht so friedlich.

MEINE ZUKUNFT

Seitdem ich denken kann, hatte ich nur einen Wunsch, ich wünschte, ich könnte den Jackpot knacken. Das würde mich sehr stolz machen. Der Grund, weshalb ich den Jackpot gewinnen will, ist, dass ich das Geld den bedürftigen Schülern, den körperlich Benachteiligten und den mental Beeinträchtigten spenden will. Ich will, dass Kenia eine gesegnete Nation wird, das würde mich extrem glücklich machen.

Ich sehe meine Zukunft als sehr erfolgreich, denn ich bin ein hart arbeitender Schüler. Daher erwarte ich, dass ich gute Noten erziele. Ich will einmal Neurochirurg werden. Es würde mich glücklich machen, der Gesellschaft zu einem gesunden Leben und zu Gesundheit zu verhelfen. Dies würde mich extrem glücklich machen. Ich hoffe, dass ich den richtigen Weg einschlage um Neurochirurg zu werden.

In 10 Jahren sehe ich mich an der Universität Neurochirurgie studieren, um mehr über Prävention, Diagnostik, Behandlung und Rehabilitation von Krankheiten zu lernen. Mein zukünftiger Alltag wird wie ein normaler Tag werden. Dafür lebe ich und bin ein guter Schüler, der seine Träume wahr werden lässt.

MEINE SCHULE

Das Beste, was ich in der Schule erreicht habe, war es, überall in der Umgebung Bäume zu pflanzen. Wenn du Bäume pflanzt, hilfst du der Umwelt, und die Schule hat frische Luft. Die Schule ist ein Ort, an dem sich verlorene Seelen finden und Zugang zu Wissen bekommen. In der Schule engagiere ich mich gerne im Unterricht, arbeite hart, um meine Ziele zu erreichen und meine Träume zu erfüllen. Ich helfe meinen Lehrern beim Einsammeln der Bücher, dabei, die Klasse ruhig zu halten, und beim Kümmern um das Schulgelände. Das Schulleben ist sehr aufregend. Ich lasse mich durch niemanden runterziehen. Ich lerne meine Fächer so gut es geht und arbeite hart.

Ich wünsche mir, dass meine Ziele eines Tages in Erfüllung gehen. Mein Traumjob ist es, Neurochirurg zu werden, um meine eigene Praxis zu eröffnen. Ich würde gerne in New York arbeiten, denn dort gibt es viele gut ausgebildete Neurochirurgen. Vorher werde ich studieren. Ich freue mich schon jetzt, den Bedürftigen der Gesellschaft zu helfen. Ich bin auch ein talentierter Fußballspieler und wünsche mir mehr Unterstützung.

Der Aussätzige

VON NEWTON KURIA

Vor langer Zeit lebte ein Aussätziger in einem Dorf namens Oloitoktok. Er suchte nach Hilfe sowie nach Essen weit unten am Fluss. Währenddessen fand in dem Dorf ein traditioneller Tanz statt, bei dem alle Mädchen und Jungs anwesend waren. Vier der Mädchen tanzten ausgiebig und hatten Spaß und merkten alsbald, dass sie durstig waren. Deshalb gingen sie zum Fluss, um ihre Kalebasse [eine leere Muschelschale, die sie als Behälter benutzten] zu waschen und Wasser aus dem Brunnen hineinzufüllen.

Der Aussätzige sah die Mädchen dort und fragte sie, ob er etwas Wasser bekommen könne.

Drei der Mädchen sagten: »Wir können dir kein Wasser geben. Unsere Kalebasse ist sauber, und deine Hände sind dreckig. Geh weg von hier, sonst werden wir allen im Dorf Bescheid geben, sodass sie dich verjagen.«

Das andere Mädchen sagte zu dem Aussätzigen: »Lass mich meine Kalebasse reinigen, dann bringe ich dir Wasser.«

Also reinigte sie ihre Kalebasse, füllte sie mit Wasser aus dem Brunnen und brachte sie dem Aussätzigen zum Trinken.

Der Aussätzige trank das Wasser und sagte zu dem Mädchen: »Mein Kind, lauf und sag deiner Familie und all deinen Verwandten, dass sie aufhören sollen zu tanzen und fliehen müssen. Etwas Furchtbares wird bald passieren. Aber sag es nicht deinen Freunden, die mir nicht geholfen haben.«

Das Mädchen schnappte sich ihre Kalebasse und rannte zurück zum Dorf.

Als die anderen Mädchen sie so rennen sahen, machten sie sich über sie lustig und sagten: »Seht, der Aussätzige hat sie sauer gemacht.«

Das Mädchen aber rannte weiter zu seiner Familie und seinen Verwandten, um sie zu warnen, und schrie: »Lauft sofort weg von hier! Der Aussätzige hat mir gesagt, dass etwas Schreckliches passieren wird!«

Einige Verwandte weigerten sich, ihr zu glauben, und sagten: »Nein, wir laufen nicht weg. Wir werden weiterhin tanzen und Spaß haben.«

Einige andere aber hörten auf das, was sie sagte, und rannten schnell aus dem Dorf.

Plötzlich zog wie aus dem Nichts ein Windsturm auf, und alle, die noch tanzten, wurden direkt von einem Berg verschluckt. Den Berg gibt es noch heute. Er heißt Abayo und liegt ganz in der Nähe des Dorfes Oloitoktok in Kajiado in Kenia. Die einzigen, die es damals geschafft haben zu entkommen, waren das junge Mädchen und all diejenigen, die auf seine Warnung gehört hatten.

Diese Geschichte zeigt uns, dass man jeden respektieren sollte. Wir sollten nicht diejenigen verachten, die behindert sind oder denen es nicht gut geht. In unserer Gesellschaft sollten wir jeden willkommen heißen, denn jeder hat etwas zu geben, sodass sich alle gegenseitig helfen können.

DANKSAGUNG

Natürlich kann man ein Projekt wie das vorliegende Buch nicht alleine stemmen, und demzufolge gibt es eine ganze Reihe Menschen, denen wir zu Dank verpflichtet sind. Da wären Annette Lennartz, die wir für das Lektorat gewinnen konnten, Anna Severynovska, die für die Gesamtgestaltung verantwortlich zeichnet. Thien Ditze, der uns als Fotograf nach Nairobi begleitet hat sowie Laura Noltemeyer und ihr Team von Designdschungel, deren Räumlichkeiten und Kaffee wir nutzen durften – euch allen vielen, vielen Dank.

Ein besonderer Dank gebührt an dieser Stelle Cyrus Waithaka, der uns als Schulleiter in allen Belangen unterstützte und für die Umsetzung vor Ort verantwortlich war.

Und das allergrößte Dankeschön gebührt natürlich unseren Stars, den Kindern der BCC-School in Nairobi/Soweto!

Hamburg, Oktober 2020

Dr. Martin Bischoff
Julian Pabel

NOTIZEN

NOTIZEN

NOTIZEN